DIE BANK DER FUGGER

Ein glanzvolles Kapitel

europäischer Wirtschaftsgeschichte

Hrsg. Fürst Fugger Privatbank

Fürst Fugger Privatbank

Impressum

DIE BANK DER FUGGER.
Ein glanzvolles Kapitel
europäischer Wirtschaftsgeschichte
Martin Kluger

Herausgeber: Fürst Fugger Privatbank KG

context medien und verlag, Augsburg
ISBN 978-3-939645-42-9
1. Auflage, Dezember 2011

Umschlaggestaltung: Thomas Leberle

Karten: concret Werbeagentur GmbH

Produktion: concret Werbeagentur GmbH

Druck: Druckerei Joh. Walch GmbH & Co. KG

Alle Rechte vorbehalten.

Bibliografische Information
der Deutschen Nationalbibliothek

Die Deutsche Nationalbibliothek verzeichnet diese
Publikation in der Deutschen Nationalbibliografie,
detaillierte bibliografische Daten sind im Internet
über http://dnb.d-nb.de abrufbar.

ISBN 978-3-939645-42-9
© context medien und verlag, Augsburg 2011
www.context-mv.de

Bildnachweis

Baumgartner, Thomas: Rücktitel (2), S. 8 (1), S. 21 (1), S. 22 (1), S. 23 (1), S. 24 (2), S. 25 (1), S. 26 (1), S. 27 (2), S. 29 (1), S. 30 (2), S. 31 (4), S. 32 (1), S. 33 (2), S. 35 (2), S. 36 (2), S. 37 (1), S. 38 (1)

concret Werbeagentur GmbH/Archiv: S. 4 (1), S. 18 (1), S. 38 (1), S. 41 (2), S. 42 (1)

Fugger-Archiv Dillingen: S. 26 (1)

Fürst Fugger Privatbank KG: S. 1

Fürstlich und Gräflich Fuggersche Stiftungen: S. 10, S. 21 (1), S. 25 (1), S. 45 (1)

Fuggermuseum Babenhausen: S. 12 (1), S. 15, S. 16 (1)

Kleiner, Wolfgang B.: Titel, S. 8 (1), S. 16 (1), S. 20 (1), S. 46 (1)

Kluger, Hannah: S. 14 (1)

Kluger, Martin: Rücktitel (1), S. 18 (1), S. 19, S. 20 (2), S. 22 (1), S. 29 (1), S. 31 (1), S. 34 (2), S. 43 (2), S. 44 (1), S. 46 (1), S. 47 (2)

Kluger, Petra: S. 11 (1)

Lehnerl, Manfred: S. 34 (1), S. 47 (1)

Liedel, Herbert: S. 13

Reißner, Daniel: Rücktitel (1), S. 42 (1)

Regio Augsburg Tourismus GmbH: Rücktitel (1), S. 3

Ruile, Hansi: S. 14 (1)

Sammlung Harald Fuchs: S. 11 (1)

Staats- und Stadtbibliothek Augsburg: S. 9, S. 45 (2)

Stadtarchiv Augsburg: S. 11 (1), S. 17, S. 18 (1)

Wikipedia: S. 4 (1), S. 6 (1), S. 7 (2), S. 23 (1), S. 25 (2), S. 32 (1), S. 36 (1), S. 41 (1), S. 44 (1)
Wikipedia/David Nance: S. 5
Wikipedia/Duvda: S. 6 (1)
Wikipedia/Michele Steno: S. 12 (1)
Wikipedia/Maros: S. 37 (1)
Wikipedia/Ludwig Konraiter: S. 45 (1)
Wikipedia/Saharadesertfox: S. 45 (1)

INHALT

Auf Römerstraßen zu Handelszentren, Zahlen und „Lombarden"
Europas erste Banken entstanden in Norditalien 4

Die Baumwolle lockte Augsburgs ersten Fugger nach Italien
Anfänge der Fuggerfirma in Venedig und Nürnberg 8

Der Fondaco dei Tedeschi und „der Fugger Paradieskammern"
Die Fugger und ihre Faktorei am Canal Grande 12

Erste Kontakte mit den Habsburgern und das Lilienwappen
Ulrich Fugger und die Geburtsurkunde der Bank 16

Geschäfte mit der Kurie, die Schweizergarde und die Zecca
Die römische Bank der Augsburger Fugger 21

Ein Montankonzern in Tirol, Kärnten, Oberungarn und Spanien
Silber und Kupfer, Gold, Blei und Quecksilber 27

Handel mit halb Europa, mit den „beiden Indien" und Afrika
Stoffe, Metalle, Gewürze, Faktoreien und Seehandel 37

Kredite für die Kaiser und Könige des Hauses Habsburg
Die Fugger als Finanziers eines Weltreichs 42

Literaturverzeichnis 48

Jakob Fugger „der Reiche" (1459–1525) schuf innerhalb von nur drei Jahrzehnten das bedeutendste Handels-, Montan- und Finanzunternehmen Europas in der Frühen Neuzeit. Der Augsburger Kaufherr war der Bankier von Päpsten, Kaisern und Königen.

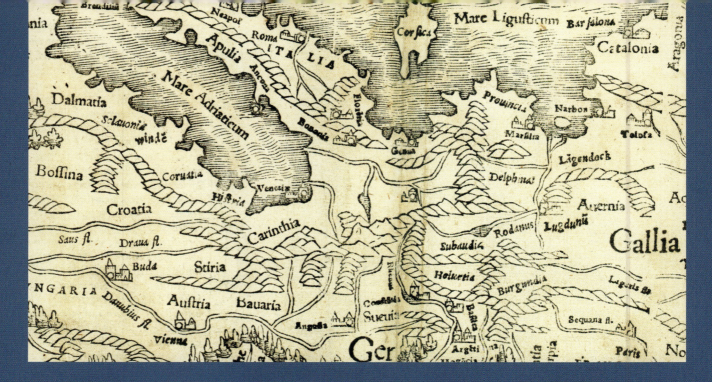

Auf Römerstraßen zu Handelszentren, Zahlen und „Lombarden"

Europas erste Banken entstanden in Norditalien

Für die Deutschen war Italien „oben": Auf den bis ins 16. Jahrhundert nicht genordeten Karten galt dies buchstäblich, und bei der Entwicklung der Wirtschaft im übertragenen Sinn. In Städten wie Florenz, wo seit 1252 der goldene Florin geprägt wurde, entstanden im 14. Jahrhundert große Bankhäuser.

Die Reichsstadt Augsburg nannte man wegen ihrer günstigen Lage an der im späten Mittelalter von Kaufleuten nach wie vor genutzten Römerstraße Via Claudia Augusta „Deutschlands Tor nach Italien". Die Nähe der Stadt am Lech zu Norditalien und damit zum Mittelmeer trug maßgeblich zum Aufstieg der Fugger bei. Denn im Süden lernten die Schwaben die Märkte und Usancen der Handelsmetropolen Venedig und Genua, Florenz, Mailand, Siena und Pisa kennen. Dort kamen sie mit den frühen Banken in Berührung.

Auf ihrem Weg in den Süden profitierten die Augsburger Fernhandelskaufleute von der römischen Straßenbaukunst, die ab der Mitte des 1. Jahrhunderts den Weg in die spätere Provinzhauptstadt Augusta Vindelicum gebahnt hatte. Um das Jahr 80 war die Via Claudia Augusta vollständig ausgebaut. Eine Straße im heutigen Sinne war diese Römer-„Straße" noch nicht: Schotterdämme führten kerzengerade durch das Lechtal in Richtung Alpen. Bei Füssen erreichte die Via Claudia Augusta die Berge, leitete über den Fernpass und den Reschenpass in das Meraner Becken und durch das Etschtal an die Adria beziehungsweise an den Po. Eine kürzere Alternativroute über den Brenner wurde erst im 2. Jahrhundert passierbar gemacht. Händler nutzten diese beiden Verbindungen vermutlich auch nach dem Abzug der letzten Römer aus der Provinz Raetia secunda und dem Ende des im Jahr 476 untergegangenen Weltreichs.

Von den frühen schwäbisch-italienischen Handelsbeziehungen über diese Straßen ist nichts überliefert. Doch spätestens um das Jahr 1200 wurde schwäbisches Leinen über Venedig in den Mittelmeerraum exportiert. Der Handelsverkehr zwischen Deutschland und Italien wuchs derart stark an, dass die venezianische „Signoria" 1228 den (ersten) Fondaco dei Tedeschi als Wohn- und Kaufhaus für die deutschen Kaufleute am Canal Grande einrichten ließ.

VENEDIG WAR die wichtigste Handelsdrehscheibe am Mittelmeer. Die Lagunenstadt errang im 13. Jahrhundert bei Orientwaren fast eine Monopolstellung. Doch auch die Seestädte Genua und Pisa trieben schon damals Handel im gesamten Mittelmeerraum und über ihre dortigen Stützpunkte sogar am Schwarzen Meer.

Wie abwegig es heute ist, wenn der erst 1459 geborene Augsburger Kaufherr Jakob Fugger von Journalisten zwecks Auflagensteigerung als der „erste Global Player" bezeichnet wird, zeigt zum Beispiel die Geschichte der aus Venedig stammenden Familie Polo: Schon 1260 reisten die Brüder Niccolò und Maffeo Polo bis an die Wolga und nach Buchara im heutigen Usbekistan. 1271 brachen die Polos – begleitet von Niccolòs 17-jährigem Sohn Marco – zu einer Handelsexpedition in das Reich des Kublai Khan auf. Sie sollte die Venezianer bis nach China führen. Erst 1295 – also 24 Jahre später – kehrten die drei Kaufleute in ihre Heimatstadt an der Adria zurück.

Venezianische Kaufleute importierten damals schon längst ägyptische und syrische Baumwolle für die Barchentweberei, die im arabischen Raum entwickelt worden war. Barchent, ein Mischgewebe aus Leinenkette und Baumwolldurchschuss, wurde seit dem 11./12. Jahrhundert auch von Webern in Venedig und in der Lombardei hergestellt. Von dort wanderte die Barchentweberei über die Alpen nach Norden – und damit auch die Nachfrage nach Baumwolle.

Die Baumwolle aus Ägypten und Syrien wurde in Venedig und Genua verkauft. Der Fernhandel beschleunigte die Entstehung der norditalienischen Geldwirtschaft.

Für den Kauf der Baumwolle in Italien benötigten schwäbische Kaufleute Liquidität – und Kredit. Dies galt auch für den gewinnträchtigen Silber- und Kupferbergbau in Tirol: In dieses Geschäft stiegen Augsburger Kaufherrn wie die Meuting bereits in der ersten Hälfte des 15. Jahrhunderts ein. Augsburger Familien beherrschten neben den Nürnberger Kaufleuten den Edel- und Buntmetallhandel in Süddeutschland, in der Schweiz und in Österreich. In der Stadt am Lech begann nun die Thesaurierung großer Vermögen: Die Entwicklung des Bank- und Kreditwesens ging damit Hand in Hand. Das für das Bankgeschäft nötige kaufmännische

Europaweit operierende Bankhäuser kannte man in Florenz (links) seit dem 14. Jahrhundert. Die wachsenden Warenströme ließen auch in Genua (rechts, um 1490) und Handelsstädten wie Venedig und Mailand, Siena und Pisa Bedarf an Krediten entstehen.

Wissen brachten schwäbische Kaufleute aus dem Süden mit in ihre Heimat.

„Der erste Kapitalist" ist eine andere Bezeichnung, die Journalisten gern für Jakob Fugger verwenden. Wie absurd solche Schlagworte sind, zeigt selbst ein nur flüchtiger Blick auf die frühe Zeit des Bankenwesens in Oberitalien. Denn dort stand, 200 Jahre vor der Geburt des fraglos genialen Augsburger Unternehmers, die Wiege des frühen Kapitalismus. Der nördlich der Alpen noch zu Zeiten eines Jakob Fugger verpönte Zins wie auch der bargeldlose Zahlungsverkehr waren unter italienischen Kaufleuten längst üblich geworden.

Bankiers aus Piemont, vor allem aus den beiden Städten Asti und Chieri, waren ab dem 13. Jahrhundert am Niederrhein vertreten. Den dort ansässigen Kaufleuten waren sie sowohl an Kapitalkraft als auch an Know-how im Finanzgeschäft überlegen. Die Deutschen nannten alle Bankiers aus Norditalien unterschiedslos „Lombarden". Damals verstand man unter der Lombardei nicht nur die heutige Region um Mailand, Brescia, Mantua und Pavia, sondern den gesamten Nordwesten Italiens einschließlich Genuas, des Piemonts sowie des seit 1803 schweizerischen Tessins. Der Lombardsatz erinnert bis heute an diese „Lombarden".

In Florenz unterschied man bereits im 13. Jahrhundert drei Arten von Banken. Es gab die Pfandleiher, die kurzfristige Darlehen an kleine Leute vergaben oder mit Wechseln handelten. Die „banchi minuti" betätigten sich als Geldwechsler und Edelmetallhändler: Sie wickelten ihre Geschäfte auf den Straßen und Plätzen ab. Die „banchi grossi" waren regelrechte Großbanken, die insbesondere den kapitalintensiven Fernhandel finanzierten.

Das Wort „Bank" leitet sich von jenen Bänken („banchi") ab, auf denen die Pfandleiher und Geldwechsler in Venedig und Florenz, Mailand, Genua, Pisa, Siena oder auch Rom saßen, wenn sie unter freiem Himmel ihren Geschäften nachgingen. Zur Mitte des 14. Jahrhunderts unterhielten die großen Florentiner Bankhäuser der Bardi, Peruzzi und Acciaiuoli Niederlassungen in den bedeutendsten Metropolen Europas.

Als der englische König Eduard III. um 1345 von ihm aufgenommene Darlehen wegen des „Hundertjährigen Kriegs" nicht zurückzahlen wollte, gingen diese frühen großen florentinischen Bankhäuser „banca rotta" – bankrott. Ihr Untergang ebnete den Medici den Weg: Seit dem Jahr 1348 gedieh das Bankhaus des Florentiners Vieri di Cambio de'Medici. 1393 fiel allerdings auch seine Bank einem Konkurs zum Opfer. Doch ein Neffe Vieris, Giovanni di Bicci de'Medici, der zuvor die Filiale des Bankhauses in Rom geleitet hatte, ging nach dem Tod seines

Onkels nach Florenz zurück und gründete die „Banco Medici": Der jahrhundertelange Aufstieg der Familie begann. Die Florentiner, die noch vor dem Jahr 1400 Bankfilialen in den wichtigsten Städten Europas besaßen, nutzten nach 1400 die „lettere private" der Faktoren zur Nachrichtenübermittlung. Sie waren die Vorbilder der „Fuggerzeitungen", des legendären Nachrichtendienstes der Fuggerfirma im 16. Jahrhundert.

Mit dem wachsenden Geldverkehr war zugleich der Bedarf an werthaltigen Münzen gestiegen. Seit 1231 ließ Kaiser Friedrich II. in der apulischen Stauferstadt Brindisi Goldmünzen prägen. Die Bankenmetropole Florenz folgte diesem Beispiel 1252 mit dem Florin, der bis 1533 geprägt wurde. Nach 1280 ließ auch Venedig Gold vermünzen.

ARABISCHE ZIFFERN beschleunigten alle Rechenvorgänge und damit die Entwicklung des frühen Bankenwesens. Doch erst der Mathematiker Leonardo da Pisa (um 1170 – um 1240), genannt „Fibonacci", hatte die ursprünglich aus Indien stammenden arabischen Ziffern in Italien eingeführt. Das arabische Dezimalsystem erleichterte komplexere Rechenoperationen und das Verbuchen großer Zahlen im Vergleich mit den relativ schwerfälligen römischen Buchstabenkolonnen erheblich. Aber selbst in Italien beharrte man bei Hauptrechnungen noch lange auf den „fälschungssicheren" römischen Ziffern: Vor Gericht wurden nur sie als beweiskräftig akzeptiert.

In Augsburg tauchten die arabischen Ziffern zum ersten Mal im 14. Jahrhundert in den Rechnungsbüchern der Stadt auf: Römische Ziffern dominierten allerdings weiterhin. In den Abrechnungen der Kaufmannschaft wurden arabische Ziffern wohl erst seit dem 15. Jahrhundert eingesetzt.

Mit seinem „Buch der Rechenkunst" führte der Pisaner Mathematiker Fibonacci zu Beginn des 13. Jahrhunderts das arabische Zahlensystem in Italien ein.

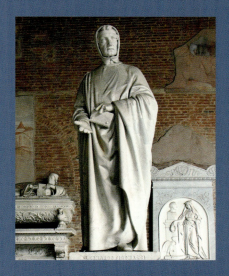

LEONARDO DA PISA war der Sohn eines Zollbeamten und Notars aus Pisa. Er hatte in Algerien die Mathematik der Araber und Inder studiert. 1202 vollendete der „Fibonacci" genannte Pisaner das „Liber abaci", das „Buch der Rechenkunst". So fanden gegenüber den davor verwendeten römischen Buchstabenreihen die leichter zu handhabenden arabischen Ziffern Eingang in das Rechnungswesen Norditaliens – eine Innovation, die in der Folgezeit ganz Europa übernahm.

DIE DOPPELTE BUCHFÜHRUNG war in Italien seit dem frühen 14. Jahrhundert bekannt. Rechnungen der Medici-Gesellschaft im 15. Jahrhundert belegen eine voll entwickelte doppelte Buchführung. Jakob Fugger dürfte in Venedig jedoch lediglich die italienische Buchhaltung erlernt haben, die vor allem bei Wechselgeschäften Vorteile bot. Italienische und deutsche Buchführungssysteme waren allerdings nicht vollständig vergleichbar. Die Fugger übernahmen deshalb (so der Historiker Peter Geffcken) nur Elemente der Buchhaltung „a la veneziana" – wie die Gegenüberstellung von Soll und Haben in einem Schuldbuch.

Die Baumwolle lockte Augsburgs ersten Fugger nach Italien

Anfänge der Fuggerfirma in Venedig und Nürnberg

Der Weg über die von den Römern angelegten Passstraßen nach Italien machte Augsburgs Fernhändler reich. Am Baumwollhandel mit Venedig verdiente auch der 1367 in Augsburg eingewanderte Hans Fugger. Er saß nicht mehr am Webstuhl, sondern war Kaufmann und „Weber-Verleger".

DER AUFSTIEG DER FUGGER zu einem bedeutenden Kapitel europäischer Wirtschafts- und Bankgeschichte war im Deutschland des 14. und 15. Jahrhunderts vermutlich nur in den großen oberdeutschen Reichsstädten Augsburg und Nürnberg möglich. Neben Köln waren diese beiden Wirtschaftsmetropolen die bevölkerungsreichsten Städte im Heiligen Römischen Reich Deutscher Nation. Neben dem kaufmännischen Genie eines Jakob Fugger war es vermutlich vor allem die Nähe zu Italien, die zum Erfolg der Fuggerfirma und letztlich dazu führte, dass das Augsburg der Fugger und Welser für mehrere Jahrzehnte zum führenden Finanzplatz Europas wurde.

Irgendwann vor dem Jahr 1370 kam die Barchentweberei aus Norditalien nach Schwaben. Für die Produktion des Barchent fanden sich im Süden damals schlicht und einfach zu wenig Arbeitskräfte. Denn dort hatte die Pest gewütet: Der „Schwarze Tod" hatte die Einwohnerzahl oberitalienischer Städte mitunter halbiert. Um trotzdem weiter an der ertragreichen Baumwolleinfuhr verdienen zu können, brachte man die Barchentherstellung über die Alpen. Dort gab es Weber in ausreichender Zahl. Im von der Pest verschonten Ostschwaben – dem Raum zwischen Augsburg und Ulm, Nördlingen, Memmingen und Kaufbeuren – löste die Innovation aus Italien ein starkes und lang anhaltendes Wirtschaftswachstum aus.

Der Flachs für das Leinen stammte aus dem Bauernland vor den Alpen. Wegen des blau blühenden Leins sprach man vom „blauen Allgäu". Die Baumwolle aus Ägypten, Syrien, Zypern und Armenien wurde aber schon bald auch von schwäbischen Kaufleuten in Venedig und Genua aufgekauft und über die Bergpässe in die Heimat gebracht.

DER WEG zur Adria führte von Augsburg über Landsberg nach Schongau. Dort hatten Kaufmannszüge die Wahl zwischen der Oberen Straße oder der Unteren Straße. Die Obere Straße war die längere Strecke, die von Augsburg aus auf insgesamt rund 620 Kilometern über Füssen, Reutte, Imst, Nauders und Meran, Bozen und Trient nach Venedig führte. Auf der Unteren Straße rollten die Wagenladungen der Augsburger

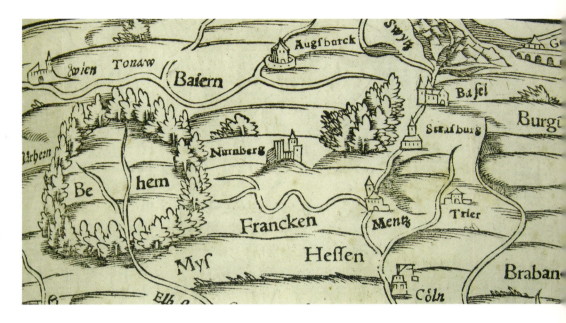

Fernhandelskaufleute rund 520 Kilometer lang auf einer Route über Oberammergau, Mittenwald, Innsbruck, Sterzing, Cortina d'Ampezzo, Conegliano und Treviso über den Brenner in die Lagunenstadt.

Die kürzere Untere Straße war beliebter: Um 1430 nutzten sie 6500 Frachtwagen jährlich. Dagegen wurde die Obere Straße nur von etwas mehr als 700 Gespannen befahren. Zehn Tage benötigte ein Reiter für den Weg über die Untere Straße. Die Wagen der Händler bewältigten täglich 30 bis 40 Kilometer. Auf dem Rückweg ging es sehr viel rascher, wenn Flößer die Waren auf dem Lech bis nach Augsburg transportierten. Für den schnelleren Transport setzte man statt der Frachtwagen schwer bepackte

Neben Köln und Nürnberg zählte Augsburg im 15. Jahrhundert zu den größten Städten Deutschlands. Für Geschäfte mit Italien war die Stadt ein hervorragender Standort.

Saumtiere ein. Bis zum Jahr 1480 wurde der Brenner auch für größere Frachtwagen ausgebaut: Wenig später war er der meistfrequentierte Pass über die Alpen.

Solange die Strecken gefahrlos zu befahren waren – damals vom Frühling bis hinein in den späten Herbst – überwanden Gespanne die Berge. In Richtung Süden beförderten sie neben schwäbischem Leinen auch Salz, Silber, Kupfer und Eisenwaren, Schafwolle und Pelze, daneben Bienenwachs und Bern-

Ein Stich aus der 1493 in Nürnberg herausgegebenen Schedel'schen Weltchronik zeigt die Ausdehnung der Reichsstadt Augsburg.

stein von der Ostsee. Weitaus exotischer war das, was man aus dem Süden nach Schwaben transportierte – Granatäpfel und Zitronen, Feigen und Käse aus Oberitalien, Lederwaren aus Florenz, Gläser aus Venedig, Seide, Brokate und Teppiche aus dem Orient sowie Gewürze aus Indien. Zucker kam aus Sizilien und Kreta nach Venedig.

IM JAHR 1367 wanderte der nicht unvermögende Weber Hans Fugger aus dem Dorf Graben auf dem Lechfeld im Süden von Augsburg in die Reichsstadt ein – so schildert es jedenfalls das „Geheime Ehrenbuch", die bis 1549 entstandene Familienchronik der Fugger. Denn in die Reichsstadt Augsburg wurde Baumwolle aus Italien geliefert, dort webte man folglich Barchent. Der erste Augsburger Fugger dürfte rasch erkannt haben, dass an der Produktion von Barchent weniger der Weber als vielmehr vor allem der Händler verdiente.

Schon Hans Fugger saß also mit größter Wahrscheinlichkeit nicht mehr am Webstuhl, sondern war ein „Weber-Verleger". Der Begriff „Verleger" stammt von Vorlage: Der Weber-Verleger legte die Mittel für den Einkauf der Baumwolle in Venedig oder in Genua aus und belieferte „seine" Weber auf Vorschuss mit Baumwolle. Die Handwerker bezahlten den Händler mit den von ihnen hergestellten Tuchen, die dieser mit Gewinn exportierte. Das Verlagssystem brachte die Weber in eine zunehmende wirtschaftliche Abhängigkeit von den Kaufleuten.

REICHER VERDIENST winkte den schwäbischen Weber-Verlegern auch deshalb, weil die spätestens seit den 1380er Jahren schnell wachsende Barchentproduktion in und um Augsburg Baumwolle zum bedeutendsten aus dem Süden eingeführten Massengut werden ließ. Glaubt man dem Bericht eines Urenkels des Augsburgers Hans Rem, hat dieser vielleicht schon gegen Ende der 1350er Jahre als erster Kaufmann Baumwolle in die Stadt gebracht. Unter den im 14. Jahrhundert noch nicht sehr zahlreich in Venedig belegten Augsburgern lässt sich – so der Münchner Historiker Peter Geffcken – im Jahr 1393 auch ein Händler identifizieren, der mit Hans Gfattermann, Zunftmeister der Weber und Schwiegervater Hans Fuggers, in Verbindung zu bringen ist. Der Historiker sieht dies als Indiz dafür, dass bereits Hans Fugger persönlich Baumwolleinkäufe in Venedig abgewickelt haben könnte. Fehlende Sprachkenntnisse waren kein Problem: Deutsche Kaufleute, die der Landessprache mächtig waren, standen den Einkäufern zur Seite.

Während in Italien in der Folgezeit immer mehr schwäbische Kaufleute präsent waren, ließen sich nur selten Italiener in der Stadt am Lech nieder. Anders als in Nürnberg fehlte dafür wohl der wirtschaftliche Anreiz: Augsburger Kaufleute hatten den Handel zwischen Oberitalien und ihrer Heimat fest im Griff. Venezianischen Kaufleuten verbot die „Signoria" sogar den Einkauf von Waren im Habsburgerreich, um deutsche Kaufherrn anzulocken. Die Fugger dagegen profitierten sowohl von Venedig als auch von Nürnberg: Augsburg lag verkehrsgünstig zwischen der großen Handelsdrehscheibe für den Mittelmeerraum sowie dem Handelszentrum auf dem Weg nach Nordosten und Osten. Nicht ohne Grund waren es also Nürnberg und Venedig, wo die Fugger (vermutlich in den 1470er Jahren) erste Faktoreien eröffneten. Das früheste Barchentgeschäft eines „Füker von Augsburg" mit einem Nürnberger Kauf-

Ein Epitaph an der Sebalduskirche erinnert an den 1473 in Nürnberg verstorbenen Peter Fugger und seine Familie.

mann ist für 1440 belegt. Der Historiker Peter Geffcken fand den Beleg dafür, dass Jakob Fugger spätestens 1473 zur Ausbildung in die Lagunenstadt geschickt wurde.

Ein Gedenkstein an der Nordfassade der Nürnberger Sebalduskirche ist das früheste Zeugnis fuggerischer Aktivitäten in der Stadt an der Pegnitz. Ein Epitaph erinnert dort an den 1473 in Nürnberg verstorbenen Peter Fugger, einen älteren Bruder Jakob Fuggers. Unter dem schützenden Mantel der Muttergottes ist die älteste bildhafte Darstellung der Familie Jakob Fuggers zu sehen. Unter diesem Sandsteinrelief ist das verwitterte Lilienwappen zu erahnen, das die Fugger 1473 verliehen bekamen.

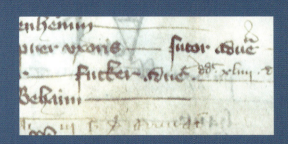

„FUCKER ADVENIT" (Fugger ist eingetroffen) lautet ein Eintrag im Augsburger Steuerbuch von 1367. Der Zuwanderer Hans Fugger zahlte 44 Pfennige Vermögenssteuer. Der Betrag lässt auf erheblichen Besitz schließen. Dank dieser Notiz weiß man heute genau, wann der erste Fugger in Augsburg einwanderte.

DIE BANKHÄUSER zu Zeiten Jakob Fuggers wendeten nicht nur die Praktiken italienischer Bankiers an. Auch die Gebäude wurden nach dem Vorbild großer Häuser in Florenz oder Venedig errichtet und aufgeteilt. Da die Bankiers zumeist auch Händler waren, befanden sich in deren Stadtpalästen Warenlager und Packräume im Erdgeschoss, Kontore und Wohnräume der Familie und meist auch ein repräsentativer Saal in der Regel im ersten Stock. Darüber lagen die Wohnräume für die Bediensteten. Das Innere eines spätgotischen Stadtpalastes zeigt ein Schaubild, welches das Fuggerhaus am Augsburger Rinder- und Heumarkt darstellen soll, wo sich auch die legendäre Goldene Schreibstube befand.

Der Fondaco dei Tedeschi und „der Fugger Paradieskammern"

Die Fugger und ihre Faktorei am Canal Grande

Mehr als anderthalb Jahrhunderte waren die Fugger im Haus der deutschen Kaufleute in Venedig vertreten. Jakob Fugger lernte hier bereits als 14-Jähriger die Geschäfte um Geld und Metalle kennen. Die goldenen Dukaten der Republik Venedig durften die Kaufherrn aber nicht ausführen: Dort musste Ware gegen Ware gehandelt werden.

SEIT WANN die Fugger dauerhaft in Italien vertreten waren, ist nicht bekannt. Eine ständige Niederlassung in Venedig gab es vermutlich seit der Mitte des 15. Jahrhunderts, spätestens seit den 1460er Jahren. Über die Familienlinie Fugger „vom Reh" berichtet das von 1542 bis 1549 geschaffene „Geheime Ehrenbuch der Fugger", sie hätten „ainen gewaltigen handel" betrieben – „von Venedig aus, auf Leipzig und Seestetten auch Niderland zu mit Specereien, Seiden und wullin gewand". Im 15. Jahrhundert war Venedig, die „Königin der Meere", für oberdeutsche Kaufleute wie die Fugger die wichtigste Drehscheibe im Seehandel mit Kleinasien und der Levante.

Die deutschen Kaufleute in Venedig waren im Fondaco dei Tedeschi untergebracht. Das Wort „Fondaco" hatten die Venezianer dem Arabischen entlehnt: Mit „Funduk" bezeichnete man eine Karawanserei. Fondachi gab es in Venedig auch für Türken, Araber, Perser und andere Gruppen. Doch der Fondaco der Deutschen war der wichtigste, dort wurden die größten Geschäfte gemacht. Nur hier, im Fondaco, durften deutsche Kaufleute ihre Waren anbieten, die vom Festland direkt dorthin gebracht wurden. Für die venezianische „Signoria" hatte dies mehrere Vorteile: Die stets verdächtigen Ausländer und ihre Geschäfte hatte man so bestens unter Kontrolle. Was noch wichtiger war: Ausländer durften zwar ihre Waren verkaufen, jedoch kein Bargeld aus der Republik Venedig ausführen. Deutsche Kaufleute mussten also in Venedig erhältliche Güter einkaufen.

DIE DEUTSCHEN brachten vor allem Gebrauchsgüter – Leinwand und Barchent, Wolle, Salz, Metalle und Metallwaren – in die Lagunenstadt. Aber auch Getreide, Mehl, Bier, Schmalz, Honig und Wachs, Nüsse und Käse, Nürnberger Waren, Passauer Geschirr, Papier, Bernstein und Buchsbaumkämme wurden in Venedig verkauft. Aufzeichnungen des Fondaco halten über 150 von den Deutschen verkaufte Waren fest. Weitaus mehr unterschiedliche Güter wurden ausgeführt: Deutsche Kaufleute erwarben Gewürze und Zucker, auf die die „Serenissima" das Monopol besaß, bis der Portugiese Vasco da Gama 1498 den Seeweg nach Indien entdeckte. Aus dem Orient kamen Pfeffer,

kostbare Stoffe, Rohseide und Baumwolle. Diamanten und andere Edelsteine, Perlen, Elfenbein, Feigen, Mandeln, Reis, getrockneter Fisch, Purpurschnecken, Seifen, Duftöle und Weihrauch wurden ebenfalls in der Lagunenstadt erworben. Venedig war aber auch ein führender Markt für Antiken, Gemälde, Bücher und alte Handschriften. Das venezianische Glas war ein Exportschlager.

Zahllose Makler, Dolmetscher, Träger und Ballenbinder lebten gut von den Deutschen, die im Fondaco von Beamten der Republik Venedig, sogenannten „Visdomini", beaufsichtigt (und bespitzelt) wurden. Die Kaufleute teilten sich in zwei „Tafeln" auf: Zur „Schwabentafel" zählten die Kaufherrn aus Augsburg, Ulm, Memmingen und Regensburg, Ravensburg, Konstanz, Lindau, Biberach, Kempten und Kaufbeuren. Zur „Nürn-

1484 erhielten die Fugger im Fondaco dei Tedeschi in Venedig eine eigene Kammer zugeteilt. Die heutige Vierflügelanlage entstand (nach einem Brand) bis 1508.

berger Tafel" gehörten neben den Franken Kaufherrn aus Basel, Straßburg, Frankfurt, Köln und Lübeck. Sie teilten sich im Fondaco 80 Gewölbe und Lagerräume, soweit ihnen nicht, wie seit 1484 auch den Fuggern, eine eigene Kammer zugestanden wurde. Schon im Jahr 1489 durften die Fugger sogar zwei Kammern in Anspruch nehmen.

SPÄTESTENS AB 1473 hielt sich der junge Jakob Fugger zur Ausbildung in Venedig auf. In den reichen Kaufmannsfamilien aus Augsburg, Nürnberg, Ulm und anderen oberdeutschen Handelsstädten war es üb-

Nicht zuletzt im Auftrag der Fugger schuf Dürer 1506 für die Kirche der deutschen Kaufleute am Rialto das „Rosenkranzfest".

lich geworden, Söhne zur Ausbildung in die Lagunenstadt zu schicken. Nirgendwo sonst konnte man das Metall- und Finanzgeschäft besser kennenlernen, und nirgendwo konnte man das gut gehütete Wissen der Kaufleute sowie die italienische Art der Buchführung besser studieren als am Canal Grande.

Genau deshalb hielt sich Jakob Fugger bereits als 14-Jähriger in Venedig auf. Bis vor wenigen Jahren hatte man allgemein angenommen, dass der jüngste Sohn der Familie zunächst für eine geistliche Laufbahn vorgesehen gewesen sei. Erst nach dem Tod seiner beiden Brüder Peter (1473 in Nürnberg) und Markus (1478 in Rom) habe man Jakob in die Familienfirma geholt. Doch 2009 publizierte der Münchner Historiker Peter Geffcken ein Dokument, das belegt, dass sich Jakob Fugger frühzeitig für den Kaufmannsberuf und für eine mehrjährige Ausbildung in Venedig entschieden hatte. Im Haus-, Hof- und Staatsarchiv in Wien fand Geffcken ein Schreiben aus dem Jahr 1473, in dem neben dem Augsburger Kaufherrn Hieronymus Welser auch „Jacobo fuger" erwähnt wird. Heute geht man sogar davon aus, dass Jakob Fugger bis zu seiner Rückkehr nach Augsburg im Jahr 1487 überwiegend in Venedig gelebt hat.

DIE GOLDENE KAPPE Jakob Fuggers ist sein unverwechselbares Markenzeichen: So zeigt ihn sein bekanntestes Porträt. Um 1518 schuf Albrecht Dürer dieses Gemälde, das den Kaufherrn mit einer venezianischen Goldhaube zeigt. Auch jenes Porträt, das der venezianische Meister Giovanni Bellini 1474 von Jakobs sechs Jahre älterem Bruder Georg Fugger schuf, belegt dessen Aufenthalt in der Lagunenstadt. Etliche Jahre vor Georg und Jakob Fugger werden schon zwei ältere Brüder in Venedig erwähnt. Doch sowohl Andreas Fugger (geboren 1443, sein Todesjahr ist unbekannt) als auch der 1445 geborene Hans (verstorben 1461) segneten in der Lagunenstadt jung das Zeitliche.

EIN BRAND zerstörte 1505 das Haus der deutschen Kaufleute. Nicht zuletzt mit der Unterstützung der Fugger wurde der Fondaco dei Tedeschi bis 1508 wiederaufgebaut und mit Fresken Tizians und Giorgiones verziert. 1506/07 waren der 1490 geborene Ulrich Fugger und sein drei Jahre jüngerer Vetter Anton in Venedig. Zwei Räume im Fondaco – „der Fugger Paradieskammern" – wurden damals prachtvoll ausgestattet. Der Schriftsteller Francesco Sansovino beschrieb später „la camera di Foccari" und ihre kostbare Ausstattung mit Teppichen, Tapeten, Spiegeln, Silbergeschirr, Kristallleuchtern, Gemälden und Figuren. Zwischen all dem Prunk wurde gearbeitet: Sansovinos Hinweis auf eine Waage, eine Briefpresse und kostbare Korrespondenzschränke nach dem Vorbild der Goldenen Schreibstube in Augsburg vervollständigte das Bild.

DIE REPUBLIK VENEDIG ging 1797 unter – die Fondachi verloren ihre Funktion. Das Haus der deutschen Kaufleute wurde zum Hauptpostamt, zuletzt wurde es von einem Textilkonzern erworben. Im Inneren des Fondaco dei Tedeschi bezeugt ein Wandkamin mit doppelköpfigem Reichsadler in einer einstigen Fuggerkammer die frühere Nutzung. An der Schaufassade des Fondaco am Canal Grande sind unter zwei Fenstern des ersten Obergeschosses runde, durchbrochene Steinmetzarbeiten zu erkennen. Sie stellen stilisierte Fuggerlilien dar (eine der Lilien steht auf dem Kopf) und untermauern den Stellenwert der Fugger: Kein anderes Unternehmen konnte sein Wappen an der Fassade des Fondaco anbringen.

Direkt neben dem Fondaco dei Tedeschi steht San Bartolomeo di Rialto, einst die Kirche der deutschen Kaufmannschaft in Venedig. Im Auftrag des Nürnberger Kaufherrn Anton Kolb und der Fugger, die wohl den Venedig-Aufenthalt Albrecht Dürers in den Jahren 1505 und 1506 förderten, schuf der Nürnberger Meister ein Gemälde für die Gruft der „Nazio Alemanna" in San Bartolomeo: Dürers „Rosenkranzfest" („Festa del Rosario") hängt heute in der Nationalgalerie (Národní galerie) in Prag.

DIE KÜNSTE

spielten für die Fugger im Zusammenhang mit ihrer venezianischen Faktorei neben den Geschäften auch in den folgenden Jahrzehnten eine große Rolle. Antiken sowie Bücher zur Literatur, Musik und Architektur Italiens wurden von den Fuggern für ihre berühmten Sammlungen und Bibliotheken in Rom, vor allem aber in Venedig besorgt. Das „Geheime Ehrenbuch" der Familie nennt Raymund Fugger einen „besonderen Liebhaber der Antiquitäten". Sein ältester Sohn Hans Jakob erwarb über Venedig Antiken und Münzen sowie etliche tausend Handschriften, die ein Grundstock der Bayerischen Staatsbibliothek wurden. Auch Ulrich, ein jüngerer Bruder von Hans Jakob Fugger, kaufte über den Vertreter der Firma in Venedig alte Handschriften. Sie wurden Teil der Heidelberger Hofbibliothek, der berühmten „Bibliotheca Palatina".

Auch Hans Fugger, der Erbauer von Schloss Kirchheim, erwarb in Venedig Kunst. Bei der Werkstatt Paolo Fiammingos bestellte er zwischen 1580 und 1592 fünf Gemäldezyklen. Drei dieser Zyklen sind auf Schloss Kirchheim erhalten. Auch den Gemäldezyklus mit fünf Marktszenen von Vincenzo Campi auf Schloss Kirchheim kaufte Hans Fugger in Venedig. Acht von einst zehn Planetenbildern sind heute im Besitz der Bayerischen Staatsgemäldesammlungen.

DAS ENDE

der venezianischen Faktorei der Fugger fiel in die letzten Jahre des Dreißigjährigen Kriegs. 1646/47 taucht ihr Name zum letzten Mal im Verzeichnis der deutschen Kaufleute im Fondaco dei Tedeschi in Venedig auf.

GEORG FUGGERS PORTRÄT

malte der Venezianer Giovanni Bellini im Jahr 1474. Dass der Malerfürst, der mit seinem Bruder Gentile die Schule der Frührenaissance in Venedig begründete, den 1453 geborenen Bruder Jakob Fuggers konterfeite, verdeutlicht den Stellenwert der Fugger in der Lagunenstadt. Bellini schuf damit das erste original erhaltene und sicher zuzuordnende Porträt eines Augsburger Bürgers. Nach dem Bild entstand die Abbildung

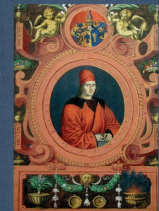

Georg Fuggers in den „Fuggerorum et Fuggerarum imagines" – Stiche mit Darstellungen von Mitgliedern der Fugger „von der Lilie", die Philipp Eduard Fugger 1588 bei Dominicus Custos, der als Kupferstecher in Augsburg und Antwerpen arbeitete, in Auftrag gab.

DÜRERS „ROSENKRANZFEST"

erinnert heute im Original in der Nationalgalerie Prag an Dürer und die Fugger. Eine Kopie des Gemäldes ist im Besitz des Kunsthistorischen Museums in Wien. Dass auch Angehörige der Familie Fugger zu Füßen der Madonna dargestellt sind, wurde immer wieder einmal behauptet, konnte aber nie bewiesen werden. Sehr wohl exakt zu erkennen sind auf dem figurenreichen Gemälde Papst Julius II., Kaiser Maximilian I. und Albrecht Dürer selbst. 1606 kam das „Rosenkranzfest" nach Prag, weil es von Kaiser Rudolf II. für seine Kunstsammlungen angekauft und von Trägern über die Alpen transportiert wurde. Dafür holte man die Genehmigung der Fugger ein.

Erste Kontakte mit den Habsburgern und das Lilienwappen

Ulrich Fugger und die Geburtsurkunde der Bank

Der Name Jakob Fuggers „des Reichen" überstrahlt die aller Fugger vor und nach ihm. Sein ältester Bruder Ulrich Fugger schuf jedoch die Basis für das europaweite Netz der Faktoreien – und für den Einstieg in das Bankgeschäft.

Unter Ulrich Fugger erfolgte die erste große Ausweitung der Familienfirma: Die Filialen in Venedig und Nürnberg wurden vermutlich unter seiner Leitung gegründet. Eine Briefkopie des Augsburger Rats von 1486, die seinen Namen erwähnt, gilt als die „Geburtsurkunde" der Bank der Fugger. Ulrichs Hilfe für Kaiser Friedrich III. verdanken die Fugger ihr Lilienwappen, das noch heute die Relikte seines Anwesens am Augsburger Rindermarkt ziert.

Als erster Sohn des Kaufherrn Jakob Fugger „des Alten" (nach 1398 – 1469) wurde Ulrich Fugger 1441 in einem (im Zweiten Weltkrieg zerstörten) Haus im Steuerbezirk „vom Ror" wenige Schritte vom Augsburger Rathaus entfernt geboren. Ulrichs Mutter, die 1419 geborene Barbara Bäsinger, hatte in den ersten Jahren nach dem Tod ihres Mannes die Familienfirma geleitet (und zwar mit großem Erfolg). Bereits damals, oder nur wenige Jahre später, galt Ulrich Fugger als die „Nummer eins" der Familienfirma – was er offiziell bis an sein Lebensende blieb. In seinen letzten Jahren stand er allerdings im Schatten seines jüngsten Bruders Jakob Fugger. Ulrich Fugger hatte offenbar die Größe, seinen begabteren Bruder Jakob, der ab etwa 1487 in der Firma das Ruder in die Hand nahm, die Strategie des Familienunternehmens weitgehend neu ausrichten zu lassen. Der erste Gesellschaftsvertrag Ulrich, Georg und Jakob Fuggers von 1494 nennt die Firma aber ganz selbstverständlich „Ulrich Fugker und gebrudere von Augspurg".

DIE GESCHICHTE Jakob Fuggers verdeckt ein wenig die Sicht auf seinen älteren Bruder Ulrich Fugger, den Wegbereiter des Größeren. Wege hat er in der Tat mit Erfolg geebnet. Ulrich Fugger knüpfte frühe Kontakte mit dem Haus Habsburg: Auf dem Weg zu Heiratsverhandlungen in Trier nahmen Kaiser Friedrich III. und sein Sohn, Erzherzog Maximilian, 1473 in der Reichsstadt Augsburg Quartier. Beide benötigten angesichts des reichen Schwiegervaters in spe – Herzog Karl der Kühne von Burgund – repräsentativere Kleidung. Die Kasse war wie üblich leer, dafür schuldete man etlichen Augsburger Handwerkern Geld.

Doch Ulrich Fugger half aus der Not. Er stattete die beiden Habsburger und ihr Gefolge auf Kredit mit edlen Tuchen aus. Für diese Unterstützung bekamen Ulrich Fugger und seine Brüder ein golden-blaues Lilienwappen verliehen. Ihre Familienlinie nannte sich seitdem Fugger „von der Lilie".

DIE FAMILIENLEGENDE hält fest, dass die Fugger das Lilienwappen aus Dankbarkeit für die Ausstattung der Habsburger erhalten hätten. Falls dies stimmt, dann jedoch nur bedingt: Denn auch Ulrich Fugger musste 1473 die übliche Taxe von zehn Gulden für den Wappenbrief erlegen. Ulrich heiratete 1479 mit Veronika Lauginger als erster Fugger „von der Lilie" eine Angehörige jener Familien, die Zugang zur Herrenstube hatten. Seine Ehe öffnete den Fuggern die Tür zum gesellschaftlichen Aufstieg.

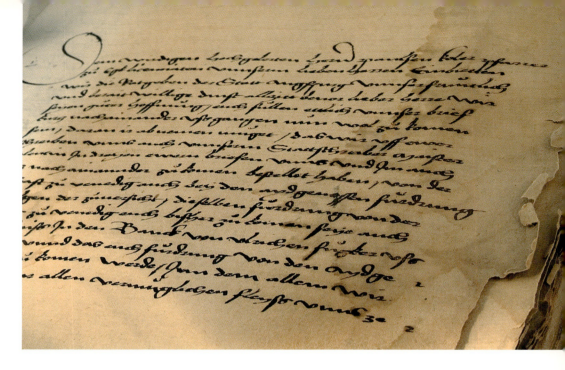

Diese Briefkopie eines Augsburger Ratsschreibers gilt als die „Geburtsurkunde" der Bank der Fugger. Das Schriftstück enthält einen Hinweis auf die „banck von ulrichen fugker", womit wohl die Fuggerfaktorei in Venedig gemeint war.

EIN BRIEF VON 1486 gilt seit 1926 quasi als die „Geburtsurkunde" der Bank der Fugger. Genauer gesagt ist es eine Briefkopie, die als Abschrift für das Archiv des Augsburger Rates angefertigt wurde. In kaum mehr verständlichem Amtsdeutsch wird darin festgehalten, dass „dieselben fürdrungen von der herschaft Venedig auch bisher zu komen seye, auch doben comiss in der Banck von ulrichen fugker ußgangen".

Vier Worte mit großer Bedeutung – „Banck von ulrichen fugker" – hält das Dokument im Stadtarchiv Augsburg fest.

Historiker haben diesen Wortlaut so ausgelegt, dass damit erstmals dezidiert von einer Bank des Ulrich Fugger die Rede ist. Die Briefkopie zählt im Stadtarchiv Augsburg zum Bestand „Schätze". Die Münchner Historikerin Christl Karnehm hat das Schriftstück so interpretiert, dass mit „doben", (also: oben) Venedig gemeint sein muss. „Oben" wäre auch insofern passend, als die Landkarten dieser Zeit noch nicht genordet waren und Italien oberhalb Deutschlands dargestellt wurde. Karnehm schlussfolgerte, dass mit der in der Augsburger Briefkopie genannten Bank von Ulrich Fugger nichts anderes gemeint sein könne, „als jenes Handelskontor, welches unter dessen Leitung seit 1484 im sogenannten ‚Fondaco dei Tedeschi' eingerichtet worden war".

Christl Karnehm stellt fest: „Die nun für das Bankhaus Fugger aufgefundene Formulierung aus dem Jahr 1486 ist vor diesem Hintergrund jedenfalls als eine Schlüsselstelle innerhalb der archivalischen Überlieferung der Familie Fugger zu werten – nicht nur für das 15. Jahrhundert, sondern insgesamt. Diese Nennung markiert darüber hinaus aber auch einen Meilenstein in der Frühgeschichte des deutschen Bankenwesens. Es besteht im deutschsprachigen Raum kein anderes Bankhaus, das sich einer solchen Tradition rühmen kann".

ERSTE SCHRIFTQUELLEN zu Bankgeschäften der Fugger im Zusammenhang mit ihren Geldtransfers für die Kurie in Rom gibt es zwar seit 1476. Doch trotz solcher Belege gilt das Datum der Augsburger Kopie des Ratsschreibens, der 27. Dezember 1486, gleichsam als die „Geburtsstunde" der Bank der Fugger. Im Originalschriftstück wird das

Zu den Spuren des Ulrich Fugger in seiner Heimatstadt zählen die drei Stiftertafeln der Fuggerei sowie die beiden 1478/80 von ihm und seinen Brüdern gestifteten Grabkapellen in der Ulrichsbasilika.

Datum übrigens weit weniger nüchtern mit „an Sant Johannstag in den Weyenächten LXXXVI" bezeichnet. Für die heute in den von 1512 bis 1515 von Jakob Fugger errichteten Augsburger Fuggerhäusern ansässige Fürst Fugger Privatbank war dieses Datum der Anlass, ein Jubiläumsjahr unter das Motto „525 Jahre Banktradition" zu stellen.

Während der seit 1473 in der Familienfirma tätige Jakob Fugger noch ganz am Anfang seiner Laufbahn stand, leitete Ulrich Fugger maßgeblich die Ausdehnung der Geschäfte in die Wege. 1480 ist er in Nürnberg feststellbar, wo die Fugger spätestens in den 1470er Jahren eine Faktorei eingerichtet hatten. Die Faktorei im Haus der deutschen Kaufleute in Venedig, dem Fondaco dei Tedeschi, wurde nach der Übernahme durch die Fugger im Jahr 1484 prachtvoll ausgeschmückt. Seit 1489 konnten die Fugger sogar zwei Kammern für sich beanspruchen. Die Begründung dafür war, dass die Firma für Unterhalt und „Kunst am Bau" bereits viel Geld ausgegeben habe.

Ulrich Fugger verstarb

am 19. April 1510 an den Folgen einer Steinoperation im seinerzeit „biblischen Alter" von 69 Jahren. Spuren seiner Aktivitäten in Venedig und Nürnberg sind nicht mehr erhalten. In seiner Geburtsstadt Augsburg erinnern allerdings noch einige Baudenkmäler an den bedeutenden Kaufherrn und Bankier: Die Lilienwappen an den beiden spätgotischen Portalen des Fuggerhauses zwischen der Philippine-Welser-Straße und der Annastraße bezeugen, dass er hier 1488 gemeinsam mit seinem Bruder Jakob mehrere Anwesen erwarb, um sie bis 1496 als repräsentatives Wohn- und Handelshaus der Familie ausbauen zu lassen. Auch die Familie seines jüngeren Bruders Georg lebte in dem im Zweiten Weltkrieg weitgehend zerstörten Komplex, der heute als Filiale eines Bekleidungskonzerns dient. Dieses Los teilt das Haus des Ulrich Fugger mit dem stolzen Fondaco dei Tedeschi in Venedig.

Als Stifter

tritt Ulrich Fugger gleich mehrfach in Erscheinung: Gemeinsam mit seinen Brüdern stiftete er 1478/80 die

Albrecht Dürer entwarf das Grabdenkmal Ulrich Fuggers in der Fuggerkapelle in der Augsburger Kirche St. Anna.

heutige Georgs- und Andreaskapelle in St. Ulrich und Afra. Die Grabkapellen in der Kirche der einstigen Benediktinerabtei am Südrand der Augsburger Altstadt ließen sich Familienangehörige Jahrzehnte später von namhaften Künstlern fürstlich ausstatten.

Ulrich Fugger selbst wurde in der von ihm und Jakob Fugger – auch im Namen ihres damals schon verstorbenen Bruders Georg – gestifteten Fuggerkapelle in der Augsburger Annakirche bestattet. Die (vielleicht?) von Albrecht Dürer geplante Grablege ist der erste Bau der Renaissance in Deutschland. Sie gilt als der Bau, der in Deutschland der

EIN EINZIGARTIGES KURIOSUM ist die ab dem Jahr 1509 errichtete Grabkapelle Ulrich Fuggers und seiner Brüder Georg und Jakob. Die Grablege der katholischen Fugger befindet sich nämlich in der ehemaligen Kirche eines infolge der Reformation 1534 aufgehobenen Karmelitenklosters. St. Anna wurde 1649 endgültig zu einer protestantischen Kirche. Die Fuggerkapelle ist jedoch eine katholische Enklave geblieben.

DIE FUGGEREI wurde ab 1516 erbaut. Offiziell gestiftet hat sie 1521 Jakob Fugger – und zwar ausdrücklich auch im Namen seiner verstorbenen Brüder Ulrich und Georg. In der Fuggerei leben in den heute 140 Wohnungen 150 hilfsbedürftige Menschen. Voraussetzungen für eine Wohnung in der Reihenhaussiedlung: Wer hier einziehen will, muss Augsburger Bürger und katholisch sein. Die Warteliste ist lang.

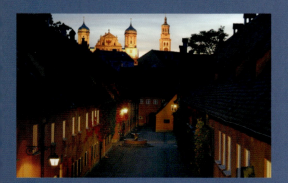

Renaissance Italiens am nächsten kommt. Ganz sicher von Dürer entworfen ist Ulrich Fuggers Grabdenkmal in der Fuggerkapelle: Es wurde um 1512/17 von Adolf Daucher nach dem Entwurf des Nürnberger Meisters geschaffen. Ulrichs Name steht auch auf der Marmorplatte über der Gruft, in der er mit seinen Brüdern Georg und Jakob die letzte Ruhe fand.

Ulrich Fuggers Epitaph in der Fuggerkapelle in St. Anna ist seit den Zerstörungen im Zweiten Weltkrieg ein Replikat. Das Original hat man in die Westwand der kleinen Kirche St. Markus in der Augsburger Fuggerei eingelassen. Dieses Epitaph, das Ulrich auf der Totenbahre zeigt, ist – neben dem Abguss in der Fuggerkapelle in St. Anna – in seiner Heimatstadt seine einzige (zu den Öffnungszeiten) öffentlich zugängliche Darstellung.

Dürer entwarf das Grabdenkmal Ulrich Fuggers – das Original sieht man heute in der Kirche St. Markus in der Fuggerei.

ÜBER DREI TOREN der Fuggerei taucht dafür Ulrich Fuggers Name auf den dortigen Stiftertafeln auf. Seinem Namenspatron St. Ulrich war das Konto gewidmet, mit dem die Fugger ihre Stiftungen finanzierten. Als Ulrichs Bruder Jakob 1521 die heute älteste Sozialsiedlung der Welt offiziell stiftete, tat er dies auch im Namen seiner verstorbenen Brüder Ulrich und Georg. Die Fuggereibewohner bezahlen für rund 60 Quadratmeter große Wohnungen eine Jahres(kalt)miete von 0,88 Euro – und sie sprechen täglich drei Gebete für die Stifter.

Geschäfte mit der Kurie, die Schweizergarde und die Zecca

Die römische Bank der Augsburger Fugger

Die Anfänge der Bankgeschäfte der Fugger in Rom liegen im Dunkeln, möglicherweise noch immer in der unergründlichen Tiefe vatikanischer Archive verborgen. Bekannt ist, dass die Verwandten der Linie Fugger „vom Reh" bereits in Rom vertreten waren. Vielleicht haben ihre Kontakte den Fuggern „von der Lilie" den Weg in die Hauptstadt der Christenheit erleichtert? Die erste schriftliche Quelle stammt aus dem Jahr 1470: Markus Fugger (1448–1478), der vierte Sohn Jakob Fuggers „des Alten" (nach 1398–1469), hatte sich für eine Laufbahn in der Verwaltung der Kurie in Rom entschieden. Dort ist Markus, einer der sechs älteren Brüder des 1459 geborenen Jakob Fugger, seit November 1470 als Schreiber in einer päpstlichen Kanzlei für Bittgesuche nachweisbar. Der Geistliche positionierte die Familienfirma in Rom. 1472 wickelten die Fugger in der „Ewigen Stadt" ihre ersten Bankgeschäfte ab. Über

Die Fuggerbank in Rom war für die Augsburger Firma weniger wegen der Geschäfte mit der Kurie interessant. Was für die Fugger viel mehr zählte, waren der Prestigegewinn und der Informationsvorsprung gegenüber anderen Kaufherrn. Einige Jahre lang prägte die Faktorei der Fugger in Rom sogar Münzen der Päpste.

Das Bankhaus der Fugger gab die Kredite, mit denen die Schweizergarde des Papstes gegründet wurde. Die römische Münzstätte war zwischen 1508 und 1524 einige Jahre an die Fugger verpachtet.

ihre Faktorei in Nürnberg transferierten die Fugger bereits 1476 Gelder aus Schweden an die Kurie. Als Markus Fugger 1478 in Rom starb, blieb die Fuggerfirma weiter im Geschäft. 1488 übermittelten die Fugger Einkünfte aus Frankreich, Flandern, Schottland, Ungarn und Polen sowie aus niederdeutschen Bistümern an die Kurie.

Die Nürnberger Faktorei der Fugger übermittelte 1488 in Schlesien für die Türkenabwehr gesammelte Gelder nach Rom. Geldgeschäfte dieser Art brachten den Fuggern natürlich gute Kontakte zur Kurie. Dies fiel auch ihren deutschen Landsleuten auf, die sie für ihre Zwecke nutzten: 1490 bat zum Beispiel der Nürnberger Rat Georg Fugger, sich in Rom für einen Ablass zugunsten des Heilig-Geist-Spitals einzusetzen.

IN ROM saß die Faktorei der Fugger wahrscheinlich seit den 1490er Jahren in einem längst abgerissenen Haus an der „Via dei Banchi Vecchi" im Bankenviertel Roms. Diese Faktorei diente in erster Linie den Bankgeschäften. Der Bau lag bei der Banco di Santo Spirito – der Zecca, der römischen Münzstätte. Auch ein nahes Fuggerhaus ist bekannt. In den 1520er Jahren wurde es mit Fresken des Raffaelschülers Perino del Vaga verziert, die sogar im kunstverwöhnten Rom Aufsehen erregten. Doch auch das römische Fuggerhaus existiert nicht mehr.

Eine Zahlung des Bischofs von Würzburg eröffnete 1495 die lange Reihe der Überweisungen, mit denen höhere und niedere kirchliche Würdenträger in Deutschland ihre Abgaben über die Bank der Fugger direkt an die päpstliche Kammer abführten. Schon 1497/98 übermittelten die Fugger Gelder in größerem Umfang aus Deutschland, Frankreich, der Schweiz, Italien, Polen und selbst aus dem schwedischen Lund nach Rom. Seit 1501 nutzte Papst Alexander VI. (Papst von 1492 – 1503) die zuverlässigen Dienste der römischen Fuggerbank. Am Ende des

Pontifikats dieses skrupellosen Papstes aus dem Haus Borgia wickelten die Fugger die meisten Zahlungen aus Deutschland, Polen, Ungarn, aus Skandinavien und sogar aus Island nach Rom ab. Trotzdem: Die Fuggerbank war zunächst einmal eine unter vielen anderen. Um das Jahr 1500 waren etliche italienische Banken, vor allem aus Siena, Genua und Florenz, für die Kurie tätig. Während des Pontifikats von Papst Leo X. (1513 – 1521) waren allein 30 Bankhäuser aus Florenz Geschäftspartner der Kurie.

DIE FUGGER WAREN immerhin das einzige nicht-italienische Bankhaus, das damals mit der Kurie in ernstzunehmendem Umfang ins Geschäft kam. Denn: „Deutsche Kirchenfürsten, deren Zahlungen nicht durch die Hände der Fugger gingen, sind sehr selten", hielt Historiker Aloys Schulte 400 Jahre später in seinem 1904 erschienenen Werk „Die Fugger in Rom 1495 – 1523" fest, das die Verbindungen der Fuggerbank mit dem kirchlichen Finanzwesen jener Zeit akribisch analysierte. Sie „übernahmen von ihren Vorgängern alle die Manieren und Praktiken, die an der Kurie üblich waren…".

DIE SCHWEIZERGARDE gründete Papst Julius II. (1503 – 1513) mit finanzieller Hilfe der Fugger. 1505 gab die Fuggerbank rund 5000 Dukaten Kredit zur Anwerbung von 150 Schweizern. Ihren dreiwöchigen, 700 Kilometer langen Marsch nach Rom finanzierte gleichfalls die Bank der Fugger, die in Mailand und Acquapendente nahe Siena Gelder bereitstellte. Am 26. Januar 1506 trafen die Schweizer in Rom ein. 1527 sollten deutsche und spanische Landsknechte die „Ewige Stadt" erobern. Die Schweizer deckten die Flucht von Papst Clemens VII. in die Engelsburg: 147 der 189 Gardisten fielen. Als man 2006 in Rom das 500-jährige Bestehen der Schweizergarde feierte, wurden Angehörige des Hauses Fugger eingeladen.

DIE PACHT DER ZECCA erhielt die römische Fuggerfaktorei im Jahr 1508. Bereits 1503 hatten die Fugger in Rom eine Gedenkmünze zu Ehren des neuen Papstes Julius II. prägen lassen. Eine Geste, die sich auszahlen sollte: Denn die Fugger hatten – unterbrochen von 1515 bis 1522 – bis 1524 die Pacht der römischen Münzstätte inne. 66 Münzprägungen der Fugger sind heute bekannt. Vor allem Zechinen und Giulios tragen den Prägestempel mit der Handelsmarke der Fugger: Dreizack und Ring oder ein aus dem Ring wachsendes F. Noch im Jahr 1522 hatte der deutschfreundliche neue Papst – Hadrian VI. (1522/23) – das Münzmonopol für die Städte Rom, Bologna und Macerata an den Fugger'schen Faktor Engelhard Schauer vergeben – 15 Jahre waren vereinbart. Doch Hadrian starb schon

Unter Papst Julius II. wurde 1506 nach einem Plan von Bramante mit dem Bau des Petersdoms in Rom begonnen. Den „Peterspfenning" – Gelder aus einem Ablass zugunsten des Neubaus – übermittelte unter anderem die Bank der Fugger nach Rom.

An die beiden in Rom verstorbenen Kurialen Markus Fugger d. Ä. und Markus Fugger d. J. erinnert die Markuskapelle in der Kirche Santa Maria dell'Anima. Das Hochaltarblatt und ein Fuggerwappen sind Zeugnisse der Stifterfamilie.

bald nach seinem Amtsantritt. Sein Nachfolger, Papst Clemens VII. (1523 – 1534), wie sein Vetter Papst Leo X. ein Medici, kündigte 1524 vorzeitig den Pachtvertrag der Firma für die römische Münze.

HOHE GEISTLICHE legten auch in Rom Geld bei der vertrauenswürdigen Bank der Fugger an. Die sicherlich bekannteste jener Einlagen ist die eines Gesandten König Maximilians I. in Rom – des Kardinals und Bischofs von Brixen, Melchior von Meckau: Er galt als „ricchissimo", also äußerst reich. Meckau starb 1509 – er war ein wichtiger „Kunde" der Fugger gewesen: Der Kardinal hatte rund 150 000 Gulden gegen Zins angelegt. „... und als er tot gewesen, hatte man bei ihm kein Geld gefunden, denn allein ein Zettelin eines Finger lang, das in seinem Ärmel gesteckt war", beschrieb Luther den Todesfall, der die Fugger „von der Lilie" beinahe in den Ruin treiben sollte. Denn das Erbe Meckaus stand dem Papst zu.

Nur die Hilfestellung Maximilians I., der sich 1508 mit Unterstützung der Fugger im Dom in Trient als erwählter Kaiser hatte ausrufen lassen, bewahrte das Unternehmen vor den bedrängenden Forderungen des Papstes. Dieser hatte die rasche Auszahlung des Erbes gefordert. In diesem Fall hätte den Fuggern die Illiquidität, also der Bankrott, gedroht.

DER ABLASSHANDEL wurde unter der Renaissancepäpsten schwunghaft betrieben. Auch die Fugger beteiligten sich an der Abwicklung des Ablassgeschäfts. Wirtschaftlich war dieses Bankgeschäft eher unbedeutend. Dass ein Fugger'scher Faktor gar den berüchtigten Ablassprediger Tetzel begleitet haben soll, bezeichnete Historiker Aloys Schulte als abwegig: „... dafür warf der Ablass zu wenig Gewinn ab". Den Fuggern waren vielmehr die politischen Kontakte und der Zugang zu Informationen wichtig. Ihre Postsendungen waren oft die ersten, die Nachrichten aus Rom nach Venedig übermittelten. Doch anders als den Welsern, mit denen die Kurie ebenfalls beim Ablasswesen zusammenarbeitete, brachten die Bankgeschäfte um den Ablass den Fuggern die schärfste Kritik reformatorischer Kreise, nicht zuletzt Martin Luthers, ein.

Schon Papst Alexander VI. gewährte einen Ablass, der Gelder für einen Feldzug gegen die Türken einbringen sollte. König Maximilian I. stimmte diesem Ablass im April 1501 jedoch nur unter der Bedingung zu, dass die eingehenden Gelder bei den Fuggern und Welsern deponiert wurden. Die Fugger übernahmen deshalb die banktechnische Abwicklung des Ablasswesens in weiten Teilen Deutschlands. Ein Großteil dieser Ablassgelder landete in den Händen des

Die Fugger stifteten die Markuskapelle in Santa Maria dell'Anima in Rom.

Habsburgers Maximilian – der „immer nach Ablassgeld lüstern" war (so Aloys Schulte) und überhaupt nicht daran dachte, Krieg gegen die Türken zu führen.

Indirekt war die Fuggerbank auch an der Entstehung des Petersdoms beteiligt, der ab 1506 anstelle der alten konstantinischen Basilika entstand. Papst Julius II. schrieb im Jahr 1507 einen Ablass aus, der ausschließlich dem monumentalen Neubau zugutekommen sollte. Sogar der „Peterspfennig" aus Schweden, Norwegen und Island wurde über die Fuggerbank nach Rom überwiesen. Auch in Ungarn und in Polen wickelten die Fugger den Ablass zugunsten der Peterskirche ab. Weil jedoch diese Länder von den Türken bedroht wurden, floss dort nur ein Drittel in den Bau von St. Peter. Die restlichen zwei Drittel erhielten die Könige von Polen und Ungarn für den Türkenkrieg.

1527 EROBERTEN und plünderten mehr als 20 000 deutsche und spanische Landsknechte die „Ewige Stadt". Der Papst wurde mehrere Wochen lang in der Engelsburg belagert. In den Tagen des „Sacco di Roma" ließ man Tafelgeschirr, Reliquienschmuck, Apostelstatuen der päpstlichen Kapelle und sogar Kreuze für Soldzahlungen an die kaiserlichen Truppen einschmelzen. Über die Faktorei der Fugger überwiesen deutsche Söldnerführer, Landsknechte und Frauen aus dem Tross 24 000 Gulden in ihre Heimat. Wie eine Insel in einem brennenden Meer war die Faktorei der Fugger zwischen allem Morden und Brennen ein geschützter Ort. Selbst die Welser ließen kostbare Edelsteine bei ihren Konkurrenten in Sicherheit

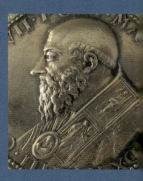

SIEBEN RENAISSANCEPÄPSTE waren Geschäftspartner der Fugger: Sixtus IV., Innozenz VIII. und Alexander VI. waren die ersten Päpste, welche die Dienste der römischen Fuggerbank in Anspruch nahmen. Unter Papst Julius II. (Bild links) erhielten die Fugger erstmals die Pacht der römischen Münzstätte, der Zecca. Weitere Prägungen der Fugger entstanden während der Pontifikate von Papst Leo X. und Papst Hadrian VI. sowie in der Sedisvakanz von 1523. Für Clemens VII. (Bild rechts) wurden nach dem „Sacco di Roma" Notmünzen, danach vollgewichtige Zechinen und Giuglios geprägt.

DAS KIRCHLICHE ZINSVERBOT war für die Entwicklung der spätmittelalterlichen Wirtschaft im Europa nördlich der Alpen ein Hemmschuh. Dort wurde Zins noch als Wucher und Verstoß gegen das offiziell erst 1830 aufgehobene päpstliche Zinsverbot gesehen. Im Rom der Renaissance waren Kreditgeschäfte gegen Zins jedoch längst gängige Praxis. Die Mitglieder der Kurie umgingen das Zinsverbot seit Jahrhunderten dadurch, dass vereinbarte Kreditzinsen durch „Geldgeschenke", überteuerte Käufe oder den äußerst günstigen Verkauf von Wertgegenständen bemäntelt wurden.

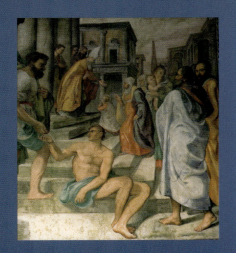

VON 1517 BIS 1522 kümmerte sich Anton Fugger um die Geschäfte der römischen Faktorei. Papst Leo X. erhob ihn zum päpstlichen Ritter, Hof- und Pfalzgrafen. Offenbar gehörte die Ausstattung der von den Fuggern gestifteten Markuskapelle in der Kirche der deutschen Gemeinde, Santa Maria dell'Anima, zu Anton Fuggers Aufgaben. Das lässt ein Fresko mit dem Motiv von „Mariens Tempelgang" vermuten: Am rechten Bildrand soll Anton Fugger dargestellt sein.

EIN BRIEF AUS ROM gehört zu den bedeutendsten Dokumenten im Fuggerarchiv in Dillingen. Der 1493 geborene Anton Fugger sandte ihn 1519 aus der „Ewigen Stadt" an seinen Onkel Jakob Fugger in Augsburg. Dieser Brief zeigt die Handelsmarke der Fugger, den Dreizack mit einem kleinen Ring. 1524 hielt sich Anton Fugger letztmalig in Rom auf.

bringen. Die Fuggerfaktorei überstand den tagelangen „Sacco di Roma", der das Ende der italienischen Renaissance markierte, offenbar unbeschadet. Die Niederlassung der Fugger stellte jedoch ihre Geschäfte offiziell wohl schon vor 1530 ein: Mit den Deutschen wollte Papst Clemens VII. keine Geschäfte mehr machen. Durch vertrauenswürdige Beauftragte waren die Fugger aber in den 1530er Jahren in Rom vertreten.

DIE SPUREN DER FUGGER in Rom findet man noch heute. In der römischen Kirche Santa Maria dell'Anima wurde 1478 der Kuriale Markus Fugger beigesetzt: Der Kirche „der deutschen Nation" vermachte er eine Stiftung, die sein Bruder Jakob Fugger auszahlte. Zum Neubau der Kirche zwischen 1500 und 1514 steuerten die Fugger ebenfalls bei. In Santa Maria dell'Anima wurde 1511 auch Markus Fugger d. J. bestattet. Der 1488 geborene Neffe des älteren Markus und älteste Sohn Georg Fuggers hatte wie sein gleichnamiger Onkel in einer Kanzlei der Kurie gearbeitet. Er starb allerdings im Alter von nur 23 Jahren.

Die dritte Kapelle im rechten Seitenschiff der Santa Maria dell'Anima wurde nun zur Grabkapelle der beiden in Rom gestorbenen Fugger. Um 1516 war der Bau der Markuskapelle abgeschlossen. Um das Jahr 1522 schuf der Raffaelschüler Giulio Romano für die Kapelle jenes Altarbild, das seit 1750 den Hochaltar schmückt. Das auf Holz gemalte Bild zeigt unter anderem die Apostel Markus und Jakobus d. Ä., die Namenspatrone Markus Fuggers d. Ä. und seines Neffen beziehungsweise Jakob Fuggers.

Um 1549 wurde die Kapelle mit Fresken des römischen Malers Girolamo Siciolante da Sermoneta ausgestattet. Eines dieser Fresken soll Anton Fugger (1493 – 1560) zeigen, der sich von 1517 bis 1522 und nochmals 1524 in Rom aufhielt und wohl die Ausstattung der Markuskapelle beauftragte. Die Kapelle heißt nach einem großen schwarzen Holzkreuz im Altar „Capella del Crocifisso". Ein steinernes Fuggerwappen im Scheitel des Kapellengewölbes bezeugt die Stifter.

Auch in Augsburg erinnert eine Stiftung an den in Rom verstorbenen jüngeren Markus Fugger. In seinem Namen sowie im Namen ihres 1506 verstorbenen Ehemanns Georg stiftete seine Mutter Regina ein Sakramentshäuschen für St. Peter am Perlach, das man noch heute im Chor der Kirche sieht. Das Gitter zeigt eine Fuggerlilie. Wahrscheinlich hat die Familie damals auch das gotische „Fuggerkreuz" gestiftet. Heute ist St. Peter am Perlach die Kirche der italienischen Gemeinde in Augsburg.

Ein Montankonzern in Tirol, Kärnten, Oberungarn und Spanien

Silber und Kupfer, Gold, Blei und Quecksilber

Große Finanzgeschäfte waren zu Zeiten Jakob Fuggers nur mit den Landesherrn zu machen. Die Kredite an Kaiser, Könige und Erzherzöge hingen eng mit dem Bergsegen zusammen: Die Fugger schufen deshalb einen europaweiten Montankonzern.

DER BERGBAU in den Alpen und in den Karpaten war im 15. Jahrhundert für die Wirtschaft im oberdeutschen Raum – von Österreich bis zum Elsass, von Franken bis in die Schweiz – von größter Bedeutung und eine der Ursachen einer lang anhaltenden Hochkonjunktur. Ein Technologieschub ließ den Bergbau Ende des 15. Jahrhunderts rentabler werden: Neue Entwässerungstechniken machten abgesoffene Gruben wieder zugänglich, vor allem aber reduzierten innovative Verhüttungsmethoden im letzten Drittel des 15. Jahrhunderts die Kosten der Bunt- und Edelmetallproduktion. Das Kapital, das die aufblühende Montanwirtschaft antrieb, kam aus den reichen oberdeutschen Reichsstädten. Nürnberg und Augsburg nahmen im Markt für Kupfer, Silber und Gold eine Oligopolstellung ein. Der Bergsegen war für die jeweiligen Landesherrn eine bevorzugte Quelle der Geldbeschaffung: Darlehen wurden dabei

Der alpenländische Raum war zu Lebzeiten Jakob und Anton Fuggers das neben den Karpaten führende Bergbaugebiet Europas. Hier ließen die Fugger Silber, Kupfer, Gold, Blei und Galmei abbauen und verhütten.

durch Sachlieferungen getilgt. Das vereinfachte Prinzip dieses Finanzierungsmodells: Die Landesherrn besaßen das Bergregal, also das Recht zur Ausbeutung der Erzgruben. Arbeit und Risiko des Bergwerksbetriebs übernahmen die Gewerken, die – den Erfolg vorausgesetzt – einen vereinbarten Ertragsanteil an den Landesherrn abführten. Für den war diese Regelung in zweifacher Hinsicht praktisch: Erstens trug er kein finanzielles Risiko. Und zweitens war der Ertrag aus dem Bergbau regelmäßig und sicher zu erwarten. Der Landesherr erhielt das Geld vorab – seine Kreditgeber, zumeist oberdeutsche Finanziers, zogen satte Renditen aus der Verarbeitung sowie dem Handel mit Edel- und Buntmetallen. Ihr Risiko war begrenzt, solange der Landesherr nicht auf die Idee verfiel, die Bergwerkserträge an weitere Gläubiger zu verpfänden. Überdies besaßen die Landesherrn das Vorkaufsrecht an allem gebrannten Silber: Auch dieses Recht konnten sie an Kreditgeber abtreten.

SOLCHE GESCHÄFTE musste eine aufstrebende Firma wie die der Fugger anlocken. Als erster Augsburger hatte Ludwig Meuting Erzherzog Sigmund von Tirol 1456 ein Darlehen gegeben, das durch einen Silberkontrakt abgesichert wurde. Eigene Erfahrungen mit dem Erzhandel hatten die Fugger „von der Lilie" ab den 1480er Jahren im Salzburger Land gewonnen. Akten dazu sind für die Zeit von 1480 bis 1497 erhalten. Durch Kredite an kleine Gewerken erwarben die Fugger dort Betriebe oder doch zumindest Beteiligungen. Gold und Silber aus den Bergwerken in Gastein, Rauris, Rottmann und Schladming lieferte man nach Venedig.

In das Kreditgeschäft mit dem Tiroler Erzherzog Sigmund „dem Münzreichen" kam Jakob Fugger durch einen am 5. Dezember 1485 geschlossenen Vertrag über eine Anleihe von 3000 Gulden. Das war ein relativ kleiner Betrag, doch „ein Schicksalstag in der Fugger'schen Geschichte und ihren Beziehungen zu Tirol, mehr noch, ein Schicksalstag für die deutsche Wirtschaft", urteilte der Historiker Eike Eberhard Unger. Der nächste Kredit war dann schon merklich größer, und 1488 lieh die Fuggerfirma dem Erzherzog bereits 150 000 Gulden. Nach Abschluss dieses Vertrags kontrollierten die Fugger nicht nur das Gros des tirolischen Silberhandels, sondern auch die Münze in Hall. Bis 1489 summierten sich die Kredite an Sigmund auf 268 000 Gulden. Bis 1494 hatten die Fugger dem im März 1490 abgesetzten Erzherzog und seinem Nachfolger, Erzherzog Maximilian I., mehr als 600 000

Gulden Darlehen gegeben und dabei rund 400 000 Gulden Rohertrag erwirtschaftet.

JAKOB FUGGER war es vermutlich, auf dessen Initiative hin sich die Firma ab etwa 1485 in Tirol engagierte. Er leitete bereits von Augsburg aus die Geschäfte, als in den 1490er Jahren eine erste Tiroler Vertretung in der Nähe des Goldenen Dachls in Innsbruck die Arbeit aufnahm. Die Stadt am Inn war das Zentrum des Erzhandels zwischen der Steiermark und dem Salzkammergut. Der Kupferhandel lief zum Teil über Bozen, weshalb sich auch Jakob Fugger dort ab und zu aufhielt. Irgendwann in dieser Zeit bestand wohl auch in Bozen eine kleinere Filiale.

EINE FAKTOREI IN HALL wurde um 1510/11 gegründet. Nach Hall ging alles in Tirol gewonnene Silber, dort wurde das Tiroler Geld gemünzt, und dort mussten alle Kaufleute ihr erworbenes Silber abholen.

Die Fuggerfaktorei in Venedig bezog 1516 ihr gesamtes Silber aus der Stadt am Inn. Schon 1477 hatte Erzherzog Sigmund wegen des Silberbergbaus im nur 20 Kilometer entfernten Schwaz seine Münzstätte von Meran nach Hall verlegt. Dort wurde 1486 der erste Taler, Namensgeber aller späteren Taler und Dollars, geprägt. Hall hatte durch seine Saline weitere nennenswerte Vorteile zu bieten: Das Salzmeieramt war ein Garant für die sichere und regelmäßige Rückzahlung von Krediten. Um 1527 war Hall eine wichtige Niederlassung geworden: Während in Innsbruck lediglich eine Schreibstube angemietet worden war, besaßen die Fugger in Hall neben ihrer Faktorei einige Häuser.

DER SILBERBERGBAU am Falkenstein in Schwaz lag von Hall lediglich ungefähr 20 Kilometer entfernt. Der Schwazer Silberbergbau galt an der Wende vom späten Mittelalter zur Frühen Neuzeit als größter

Eine erste Tiroler Vertretung der Fugger arbeitete beim Goldenen Dachl in Innsbruck. Die Münze im nahegelegenen Hall kontrollierten die Fugger schon zuvor.

und ertragreichster Europas. In der „Mutter aller Bergwerke" bauten zeitweilig mehr als 10 000 Knappen Silber- und Kupfererz ab. Die heutige Kleinstadt im Unteren Inntal war deshalb um 1510 mit mehr als 20 000 Einwohnern der nach Wien zweitgrößte Ort im heutigen Österreich.

1526 gründete Anton Fugger, der Neffe und Nachfolger Jakob Fuggers „des Reichen", den Schwazer Berg-, Schmelz- und Pfennwerthandel. Der Pfennwerthandel war ein lohnendes Nebengeschäft: Grubenbesitzer lieferten Lebensmittel, Kleidung, Werkzeug und Beleuchtungsmaterial wie Unschlitt, Öl und Wachs, die mit dem Lohn der Knappen

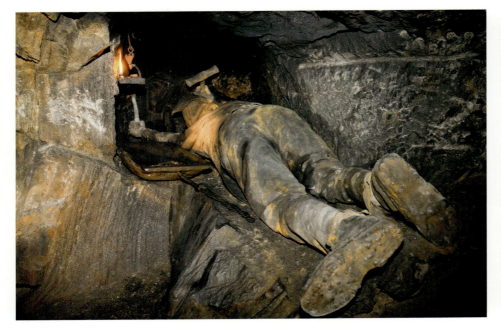 

Schaustollen in Schwaz und am Schneeberg bei Sterzing lassen die harten Arbeitsbedingungen der Bergknappen erahnen.

verrechnet wurden. Dadurch wurde zugleich die Versorgung der Bergleute gesichert.

Bereits 1539 wurde die Faktorei von Hall nach Schwaz verlegt. Während die Standorte der Vertretung in Innsbruck und der Faktorei in Hall nicht mehr bekannt sind, haben sich in Schwaz zwei „Fuggerhäuser" erhalten. Im „Stöcklhaus" (heute das Rathaus), besaßen die Fugger in den frühen 1520er Jahren eine Schreibstube. Der rechte Türflügel am Eingangsportal zeigt deshalb (moderne) Fuggerlilien. Von dort führt die „Fuggergasse" zu jenem Bau, den die Fugger um 1525 errichten ließen und der zum Sitz ihrer Schwazer Faktorei wurde. Dieses 1571 veräußerte Fuggerhaus ist in Schwaz auch als „Kreuzwegerhaus" bekannt. Seit 1841 ist es ein Kloster der Franziskanertertiarinnen. Am östlichen Eckerker hat man dort 1955 ein aus Kupferblech getriebenes Denkmal für Ulrich Fugger d. J. (1490 – 1525), den ältesten Sohn Ulrich Fuggers und einen der Neffen Jakob Fuggers, angebracht.

SCHWAZER KUPFER war zunächst nur ein Nebenprodukt des Silberbergbaus – im 16. Jahrhundert wurde es immer wichtiger. Der Silbergehalt des Fahlerzes lag zwischen 0,3 bis 0,85 Prozent, der Kupfergehalt betrug 35 bis 40 Prozent. Silber war 250-mal teurer als Kupfer. Doch das Letztere war bei der Produktion zahlreicher Gegenstände des täglichen Bedarfs – von der Kupferkanne bis zum Kupferdach – gefragt. Als Bestandteil von Messing- und Bronzelegierungen fand das Kupfer beim Guss von Glocken und Kanonen sowie beim Kunstguss Verwendung. Kupfer aus Schwaz lieferten die Fugger zum Beispiel nach Innsbruck, als dort die „Schwarzmander" (schwarzen Männer) für das Grabmal Kaiser Maximilians I. in der Hofkirche gegossen wurden. Der Habsburger hatte noch zu seinen Lebzeiten 40 überlebensgroße Bronzefiguren in Auftrag gegeben: Sie stellen Ahnen und Vorbilder dar.

IN TIROL dominierten die Fugger seit 1494 den Markt für Kupfer. Über ihre Nürnberger Faktorei waren die Fugger zwischenzeitlich mit dem Krakauer Bergwerksbesitzer Hans Thurzo in Kontakt gekommen, der die Chancen des oberungarischen Kupferbergbaus erkannt hatte. Mit ihm gründeten Ulrich, Georg und Jakob Fugger 1494/95 den „Ungarischen Handel". Die Fugger brachten ihr Kapital und ihr Vertriebsnetz ein, Hans Thurzo seine Bergwerke, sein technisches Wissen und seine Beziehungen. Neusohl in der heutigen Slowakei war das Zentrum des oberungarischen Erzabbaus. 1498 mussten die Fugger unter dem Druck Maximilians I. und ihrer größten Konkurrenten ein Tiroler Kupfersyndikat bilden. Die Fugger selbst untergruben dieses Syndikat dadurch, dass sie über Thurzo in Venedig ungarisches Kupfer zu Dumpingpreisen auf den Markt werfen ließen. Als daraufhin das Syndikat zusammenbrach, hatten die Fugger den Absatzmarkt für Kupfer wieder im Griff.

In wenigen Jahren hatten die Fugger einen horizontal wie auch vertikal diversifizierten Montankonzern aufgebaut: Die in den Alpen und in den Karpaten gewonnenen Erze wurden seit 1495 in den Hüttenwerken von Fuggerau in Kärnten, Hohenkirchen in Thüringen und Moschnitz in der heutigen Slowakei zu Silber, Kupfer oder Gold ver-

Im heutigen Rathaus von Schwaz, das von 1500 bis 1509 von zwei einheimischen Gewerken erbaut wurde, hatten die Fugger lediglich eine Schreibstube angemietet. Das Fuggerhaus („Kreuzwegerhaus", unten), in das die Tiroler Fuggerfaktorei 1539 dann tatsächlich von Hall in die Bergbaustadt am silberreichen Falkenstein verlegt wurde, wurde jedoch erst um 1525 errichtet.

VOM ERZ BIS ZUR MÜNZE reichten die Interessen der Fugger'schen Montan- und Metallgeschäfte in Tirol. Mit in Schwaz gewonnenem Silber und Gold aus den Tauern wurden in Münzstätten wie der in Hall Guldiner und Goldgulden mit dem Bildnis der Landesherrn (oben: Kaiser Maximilian I.) geprägt. Zu Beginn ihrer alpenländischen Montangeschäfte betätigten sich die Fugger nur im Metallhandel: Erst ab 1522 waren sie auch Grubenbesitzer und Bergwerksbetreiber.

AN ULRICH FUGGER D. J. erinnert in Schwaz nicht nur das 1955 geschaffene Denkmal am Fuggerhaus. Ulrich, der gemeinsam mit seinem Vetter Anton Nachfolger seines Onkels Jakob Fugger an der Firmenspitze werden sollte, verstarb 1525 – wenige Monate vor dem Lenker des Familienunternehmens – im Alter von 35 Jahren im Bergbauort Schwaz. In der dortigen Pfarrkirche Maria Himmelfahrt sind Ulrich Fugger ein Bronzeepitaph sowie ein steinernes Grabdenkmal gewidmet. Ein weiteres Epitaph im Chor erinnert an den 1633 in Schwaz verstorbenen Hieronymus III. Fugger.

DER TIROLER BERGBAU blühte im 15. und 16. Jahrhundert. 1523 erbrachte der Silberbergbau in Schwaz die höchste Ausbeute: 15,7 Tonnen Silber und 1098 Tonnen Kupfer wurden gewonnen. Die Arbeit im Bergwerk war hart, wegen der guten Bezahlung aber trotzdem begehrt. In Gossensass nahe Sterzing stellt eine Malerei am Altar der Barbarakapelle einen Erzausschläger und einen Truhenläufer dar.

AUF SPUREN DES BERGBAUS in Tirol fährt man heute mit der Grubenbahn ins Schwazer Silberbergwerk – „die Mutter aller Bergwerke" – ein. Dort stößt man ebenso auf Bergknappen des 15. und 16. Jahrhunderts wie im Südtiroler Bergbaumuseum in Ridnaun. Dort und am Schneeberg vermitteln Schaustollen den harten Arbeitsalltag in den Gruben.

arbeitet. Goldbergbau betrieben die Fugger und Thurzo in Reichenstein und Freiwaldau in Schlesien sowie im Kärntner Lavanttal. Sogar der Goldbergbau im Allgäuer Ostrachtal scheint das Interesse der Fugger geweckt zu haben. Gold und Silber gingen an Münzstätten. Seit 1534 besaßen die Fugger selbst das kaiserliche Privileg, Münzen zu prägen.

Kupfer der Fugger wurde in Venedig und Antwerpen gehandelt. Um den Transport zu beschleunigen, ließ Jakob Fugger eigene Straßen – wie die über den Jablunkapass – anlegen. Dadurch konnte oberungarisches Kupfer über Breslau und Krakau bis an die Ostsee transportiert und von Danzig aus auf dem günstigen Seeweg über Antwerpen nach Lissabon verschifft werden. Bei ihrem Ostindienhandel waren die Portugiesen auf Fugger'sches Kupfer als Handelsware angewiesen. Im Streit um die Frachtraten durch die Ost- und Nordsee ließ die Hanse 1510 sogar Kupfertransporte der Fugger kapern. Die Fugger sicherten sich deshalb die Hilfe des Kaisers und den Schutz des Dänenkönigs.

DURCH SAIGERN wurden Kupfer und Silber getrennt. Für das Saigerverfahren benötigte man Blei. Das Bleierz wurde südlich des Brennerpasses bei den Bergbauorten Sterzing, Gossensass und Pflersch im Wipptal sowie in Terlan im Etschtal abgebaut. Auch im Karwendelgebirge, in Imst im Oberinntal und in Nassereith am Fernpass wurde Blei gewonnen.

Der Schneeberg bei Sterzing war eines der höchstgelegenen Bergwerke Europas: Dieser Berg barg Tirols reichstes Blei- und Zinkerzvorkommen. Dort förderten bis zu tausend Bergarbeiter Silber-, Blei- und Zinkerz: Um das Jahr 1500 schürften sie auf bis zu weit über 2000 Metern über Meereshöhe in 70 Stollen, zahllosen Gruben und Schächten. Die Knappen deckten dadurch den Bleibedarf der Verhüttungsbetriebe des Schwazer Fahlerzes. Die das ganze Jahr über bewohnte Knappensiedlung St. Martin am Schneeberg lag 2354 Meter hoch.

DIE STADT STERZING nennt sich heute „Fuggerstädtchen", weil die Familie dort im Bergbau eine dominierende Position einnahm. Die Augsburger Fugger brachten in der Stadt an der Eisack seit 1524 einen Großteil der Grubenanteile am Schneeberg und in Gossensass, seit 1555 außerdem in Grasstein, in ihren Besitz.

Direkt an Tiroler Bergwerken beteiligt hatte sich Jakob Fugger „der Reiche" erstmalig 1522. 1524, ein Jahr vor seinem Tod, erwarb er 15 Gruben am Schneeberg. Die Zahl der Erzgruben bei Sterzing in fuggerischem

Das Fuggerhaus in Neusohl (links) war der Sitz der Faktorei des oberungarischen Bergbaus. In und um Sterzing besaßen die Fugger drei Häuser, eine Schmelzhütte und mehrere Erzkästen.

Besitz wuchs bis 1533 auf 250 an. In und bei Sterzing besaßen die Fugger 1532 eine Schmelzhütte und 1546 einen Erzkasten. Fugger'sche Erzkästen, in denen das gewaschene Erz gelagert wurde, sind auch in Ridnaun, Gossensass und Pflersch bekannt. Eine Sterzinger Urkunde von 1626 erwähnt „der Fugger Behausung": Vermutlich gibt es hier noch ein Fuggerhaus oder gar mehrere: Jedenfalls werden die Hausnummern 22, 22/a und 22/b in der Sterzinger Neustadt als Fuggerhäuser bezeichnet. Sie stehen direkt gegenüber dem gotischen Rathaus.

IN JENBACH erinnert ein Fuggerhaus an ein Hüttenwerk der Fugger: Im Jahr 1565 gründeten sie mit den Augsburger Bergbauunternehmen Katzbeck-Manlich und Haug-Langnauer die „Jenbacher Gesellschaft", benannt nach der heutigen Marktgemeinde in der Silberregion Karwendel südlich des Achensees. 1578 wurden alle Anteile von den Fuggern übernommen. Abgesehen vom Landesherrn und wenigen unbedeutenden Kleinbetrieben waren die Fugger seitdem die einzigen Bergbauunternehmer Tirols.

Die Jenbacher Gesellschaft hatte man bereits 1570 vergeblich dem Tiroler Landesherrn Erzherzog Ferdinand II. angeboten: Die Ausbeute der Erzgruben ging deutlich zurück. 1634 wurden in Sterzing nur noch 158 Knappen, davon 79 in den Gruben der Fugger, gezählt. 1657 trat Leopold Fugger (1620 – 1662), Herr zu Wellenburg, Wasserburg, Welden und Rettenbach, ohne Wissen anderer Familienmitglieder die Bergwerksrechte entschädigungslos an den Tiroler Landesherrn Erzherzog Ferdinand Karl ab. Zehn Viertelanteile am Schneeberg, wo sich der Silberbergbau noch lohnte, behielten die Fugger aber noch nach 1658. Leopold Fugger, der Kammerherr des Erzherzogs und Obriststallmeister in Innsbruck, war zugleich Herr zu Tratzberg: Das dortige Schloss, das die Fugger 1590 erbten, erinnert an ihn.

Im Übrigen erinnert man sich bis heute in den Südtiroler Orten Klausen, Terlan und Nals an die Bergbauaktivitäten der Augsburger Familie, die dort Silber und Kupfer gewann. In Primör (Primiero) im Trentin, das früher zur Grafschaft Tirol gehörte, ließen die Fugger Blei abbauen.

In Jenbach im Unterinntal – unweit von Schwaz gelegen – erinnert noch heute ein Fuggerhaus (unten) an die Jenbacher Gesellschaft. Graf Leopold Fugger, der Herr auf Schloss Tratzberg (oben), gab jedoch im Jahr 1657 die Rechte seiner Familie am Tiroler Bergbau ohne Entschädigung an den Landesherrn zurück.

BLEI UND ZINK ließen die Fugger auch in Bleiberg bei Villach in Kärnten abbauen. Dort gewonnenes Erz ließ man in der Arnoldsteiner Fuggerau verhütten, deren Einzugsbereich sich bis nach Lienz in Osttirol erstreckte. 1495 hatten die Fugger in Fuggerau Schmelzhütten, Hammerwerke, Mühlen und ein Schloss errichten lassen. Als sich die Fugger 1547/48 aus dem oberungarischen Bergbau zurückzogen, verlor dieser Standort wegen der Beschränkung auf heimische Erze die einstige Bedeutung. Deshalb verkauften zwei der Söhne Anton Fuggers – Markus und Hans – Fuggerau mit allen Liegenschaften, Anlagen und Rechten 1570 für 2500 Gulden an das benachbarte Stift Arnoldstein. Die Stiftsherrn ließen das Schloss und die Hüttenwerke abbrechen.

Die Fuggerau verschwand wie die dortigen Gebäude aus dem Bewusstsein der Bevölkerung. Neben Mauerresten der 1642 abgebrannten Klosterburg Arnoldstein erinnert nur noch die Inschrift eines Gedenksteins von 1570 in der heutigen Gemeinde Gailitz an die Fuggerau. Als Gewerken im Bleiberger Bergbau schieden die Fugger allerdings erst 1665 aus.

POLITISCHE UNRUHEN machten den Fugger'schen Bergbauunternehmen im 16. Jahrhundert in Tirol wie in Oberungarn

In Gailitz in Kärnten – nahe dem heutigen Dreiländereck Österreich, Italien und Slowenien – erinnert ein Gedenkstein an die Augsburger Fugger und ihr 1495 errichtetes Hüttenwerk in der Fuggerau.

zu schaffen. Im Januar 1525 begann der Tiroler Knappenaufstand, bei dem auch die Fuggerfaktoreien in Hall und Bozen geplündert wurden. Trotz aller Forderungen, die Fugger zu enteignen, hielt der Tiroler Landesherr König Ferdinand I. an der Firma fest. Am Ende stellte sich heraus, dass der Anführer des Aufruhrs, der Sterzinger Bergmannssohn Michael Gaismaier, von der Republik Venedig bestochen worden war, um den Habsburgern zu schaden.

Auch der „Ungarische Handel" war zeitweise bedroht: Im Frühsommer 1525 kam es in

Neusohl, Schmenitz und Kremnitz sowie anderen slowakischen Bergstädten zum Aufstand der Knappen – sie kämpften für höhere Löhne. Der bei der Fuggerfirma tief verschuldete ungarische König Ludwig II. nutzte diese Unruhen, um die Fugger zu enteignen und sich dadurch elegant seiner Verbindlichkeiten zu entledigen.

Der Fugger'sche Faktor in Budapest wurde inhaftiert, und die Faktorei der Fugger am Burgberg von Buda wurde vom Pöbel geplündert. Erst im Jahr nach dem Tod seines Onkels Jakob Fugger sollte Anton Fugger 1526 die Rückgabe der oberungarischen Bergwerke erreichen. Wenige Jahre später ging aber auch dort der Ertrag der Gruben merklich zurück. Weil der oberungarische Bergbau überdies von Türkeneinfällen bedroht war, gab Anton Fugger im Jahr 1548 die Pacht aller Bergwerke und Hütten um Neusohl an den Augsburger Montanunternehmer Matthäus Manlich ab.

SPANISCHES QUECKSILBER trug zur Rückzahlung eines Kredits bei, mit dem Jakob Fugger „der Reiche" 1519 Geschichte schrieb: Als der Enkel Kaiser Maximilians I. – der spanische König Karl I. – zum König des Heiligen Römischen Reichs Deutscher Nation gewählt werden wollte, gab Jakob Fugger für die benötigten Wahlgelder einen Kredit in Höhe von 543 585 Gulden.

Als Kaiser erstattete Karl V. dieses Darlehen über Verschreibungen auf Schwazer Kupfer, Haller Salz und das Schmelzwerk im tirolischen Rattenberg zurück. Weil dies alles nicht reichte, überließ man den Fuggern die sogenannte „Maestrazgopacht" – Güter der spanischen Ritterorden von Santiago, Alcántara und Calatrava in Kastilien. Dort beuteten die Fugger erstmals zwischen 1525 und 1527 die Quecksilber- und Zinnobergruben von Almadén aus. Seinen Namen erhielt der Bergbauort in der Region Castilla-La Mancha aus dem Arabischen: Er bedeutet

Noch unter Jakob Fugger wurde 1525 die Kirche St. Salvator in Almagro erbaut. Diese Stiftung sollte den Spaniern zeigen, dass die deutschen Pächter der Quecksilbergruben nicht nur „groß Gut gewinnen" wollten. Eine Inschrift nennt den Stifter.

„Mineralien" beziehungsweise „Bergwerke". Das Quecksilber wurde zur Herstellung von Spiegelglas und sogar zu medizinischen Zwecken verwendet. Unter anderem versuchte man im sogenannten „Holzhaus" in der Augsburger Fuggerei Syphiliskranke mit Quecksilberdämpfen zu heilen. Vor allem aber wurde Quecksilber zum Scheiden von Gold und Silber benötigt und zu diesem Zweck bis in die Neue Welt exportiert. Die Pachtverträge für die spanischen Quecksilberminen liefen jeweils einige Jahre lang. Um die Ausbeute zu erhöhen, holten die Fugger sogar erfahrene Bergknappen aus Tirol nach Almadén.

DIE FUGGERAU IN KÄRNTEN war ein halbes Jahrhundert lang ein bedeutender Standort im Montankonzern der Fugger: Hier wurden Erze aus Tirol und Oberungarn verhüttet. Doch als sich die Fugger vom Bergbau um Neusohl zurückzogen, verlor die Fuggerau an Bedeutung. Die Saigerhütte und das Schloss der Fugger wurden an das Kloster Arnoldstein verkauft und später abgerissen. Ein Stich von 1688 zeigt (rechts außen) Ruinen der Fuggerau. Das Kloster stand damals nicht mehr: Es war 1642 abgebrannt.

EIN SPANISCHES FUGGERHAUS sieht man noch heute in Almadén. Der Name „Casa de la Inquisición y de los Fúcares" erinnert an seine spätere Nutzung. Heute dient das Fuggerhaus im kastilischen Bergbauort als Hotel.

Zwischen 1525 und 1645 beuteten die Fugger die Quecksilber- und Zinnobergruben in Almadén aus. Daran erinnert noch heute ein Fuggerhaus in Almagro.

Der Verwaltungssitz der spanischen Güter, die rund 250 Kilometer südlich von Madrid lagen, war Almagro. Dort veranlasste noch Jakob Fugger „der Reiche" in seinem Todesjahr 1525 den Bau der Kirche St. Salvator (heute St. Blas). Nach weiteren Pachtperioden und in der Folgezeit ununterbrochen von 1562 bis zur Auflösung des „Fuggerschen Handels" im Jahr 1645 sollte die Maestrazgopacht für die Familie eine zentrale Rolle spielen. Bis heute erinnert neben der Kirche St. Salvator auch das Fuggerhaus in Almagro an diese Epoche. Den Quecksilberbergbau bezeugen zudem ein Fuggerhaus und das Schaubergwerk in Almadén.

DER BERGBAU war kapitalintensiv und risikobehaftet. Überliefert ist der Ausspruch Jakob Fuggers: „Eher werden im Bergbau zehne arm als einer reich". Immerhin über eineinhalb Jahrhunderte blieben die Fugger auf der Gewinnerseite. Ihre Montanunternehmen und damit verbundene Finanzgeschäfte machten den kometenhaften Aufstieg der Fugger überhaupt möglich. Dabei verhielten sie sich klugerweise durchaus risikoscheu: Statt das Montangeschäft nach Schweden (1538) und Norwegen (1541) auszuweiten, investierte Anton Fugger in schwäbischen Herrschaftsbesitz. Weitere Bergbauversuche wurden 1540 bei Neapel sowie 1557 in der Toskana abgebrochen.

Handel mit halb Europa, mit den „beiden Indien" und Afrika

Stoffe, Metalle, Gewürze, Faktoreien und Seehandel

Über West- und Mitteleuropa spannte sich das Netz der fuggerischen Faktoreien. Die Niederlassung in Antwerpen (oben) wurde für den Handel und das Bankgeschäft wichtiger als die Augsburger Zentrale. Kupfer aus Ungarn oder Tirol wurde in Form reiffähnlicher Manillen nach Westafrika verschifft.

DIE ANFÄNGE der Handelsgeschäfte der Fugger sind nicht überliefert. Sicherlich waren sie quantitativ und logistisch recht überschaubar: Auf Frachtkarren wurden Ballen und Packen nach Nürnberg und Venedig transportiert. Zurück quälten sich die Gespanne vollbeladen über schlechte Straßen. Gegen Mitte des 15. Jahrhunderts waren die Geschäfte jedoch derart angewachsen, dass es sich lohnte, in Venedig wie in Nürnberg ständige Niederlassungen zu unterhalten. Diese Niederlassungen nannte man, abgeleitet vom italienischen „fattoria", Faktoreien. Solch eine Faktorei war „...eine Mischung aus Kaufhaus, Bankfiliale, Pferdestation, Warenlager, Postamt und diplomatischer Vertretung". Woraus beispielsweise das Inventar der Fuggerfaktorei in Nürnberg bestand und wer dort mit wem welche Geschäfte betrieb, belegt heute im Dillinger Fuggerarchiv eines der am besten erhaltenen Handelsarchive der Frühen Neuzeit. Das

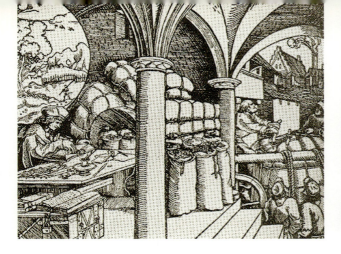

Aus ihren gotischen Handelsgewölben trieb es die Kaufleute in die Ferne. Das Fuggerhaus in Bozen (im rechten Bild links) war eine Station auf dem Weg nach Venedig.

älteste Dokument des Archivs zur Nürnberger Faktorei ist die Inventarliste von 1527. Darin ist die „Geschäftsausstattung" akribisch aufgezeichnet, darunter „ain Eysne väßlin", mit dem Münzen und Silber nach Augsburg transportiert wurden. In späteren Inventaren ersparte man sich eine Auflistung durch die lakonische Notiz „nit vil". Dass die für die Firma so wichtige Faktorei unter der Nürnberger Burg derart spartanisch ausgestattet wurde, hängt vielleicht damit zusammen, dass „Ausländer" wie die Augsburger Fugger innerhalb der Stadtmauern kein Haus erwerben durften. Bekannt ist, womit die Fugger in Nürnberg handelten: Sie verkauften Barchent, Silber und Kupfer sowie Waren aus Venedig und kauften (unter anderem) Safran, „Nürnberger Waren" oder Bernstein von der Ostsee.

DIE NIEDERLASSUNGEN der Fugger waren über halb Europa verstreut. Sie waren personell wie räumlich ganz unterschiedlich ausgestattet. Diese Vertretungen bestanden mitunter lediglich aus einem ortsansässigen Kommissionär, der Geschäfte auf Provisionsbasis abwickelte. Sie konnten im eigenen Wohnhaus (wie zeitweise in Nürnberg) oder in einer angemieteten Schreibstube (wie in Innsbruck) arbeiten. An den bedeutendsten Standorten besaßen die Fugger Faktoreien (abgeleitet vom italienischen „fattoria"). Sie konnten auch in prachtvollen „Fuggerhäusern" residieren wie die in Neusohl und Schwaz, Antwerpen und Almagro. Venedig nahm insofern eine Sonderstellung ein, als Kammern im Haus der deutschen Kaufleute von der „Signoria" zugeteilt wurden. Und in Spanien folgte ein Fuggerfaktor dem König dorthin, wo dessen Hof sich gerade aufhielt.

Nach den ersten Faktoreien in Venedig und Nürnberg ist eine weitere in Mailand ab 1483 belegt. In den 1490er Jahren wuchs die Zahl der fuggerischen Faktoreien rasch. In Rom wurde ebenso eine Faktorei eingerichtet wie die Innsbrucker Vertretung, die zwei Jahrzehnte später durch eine Faktorei in Hall ersetzt wurde. Diese wurde wiederum nur ein Dutzend Jahre später aufgelöst, weil die Faktorei nunmehr in Schwaz betrieben wurde. Der Kupfertransport an die venezianische Metallbörse ließ zudem eine kleine Niederlassung in Bozen entstehen.

Die Filialen wurden also dort eröffnet, wo es das Geschäft gerade verlangte. Das lässt sich an Faktoreien nachvollziehen, die ihre Existenz zum Teil dem 1494/95 gegründeten „Ungarischen Handel" verdankten. So war die Faktorei im Neusohler Fuggerhaus der Verwaltungsmittelpunkt der Bergwerke und Verhüttungsbetriebe in Oberungarn. Über das Hüttenwerk in Fuggerau in Kärnten kam das ungarische Kupfer in Venedig auf den Markt. Über die Faktoreien in Krakau und Breslau brachte man das in Moschnitz oder Hohenkirchen verhüttete Metall auf dem Landweg via Thorn nach Danzig beziehungsweise nach Nürnberg. Über die Ostsee verschiffte man Fugger'sches Kupfer zur Metallbörse in Antwerpen. Dort nahmen es portugiesische Schiffe an Bord. Sie segelten nach Lissabon, wo man dieses Metall für Münzen, Schiffsausrüstungen, Waffen sowie den Afrika- und Indienhandel benötigte.

Über Leipzig transportierte man ungarisches Kupfer zum Hüttenwerk im thüringischen Hohenkirchen. Von dort ging es zum Beispiel an die Nürnberger Faktorei und nach Lübeck und Amsterdam, wo die Fugger das Metall über ihre dortigen Vertretungen vertrieben. Als Kreditgeber des Königs von Ungarn unterhielten die Fugger eine Faktorei auf dem Burgberg von Buda. Die Bilanz von 1546 führt London, Florenz, Erfurt, Teschen und Kremnitz mit kleineren Vertretungen für den Vertrieb von Kupfer auf.

Der Quecksilber- und Zinnoberbergbau in Spanien führte zur Gründung der Faktoreien im kastilischen Almadén und in Almagro. Wegen der Geschäfte mit dem König von Spanien reiste die Fugger'sche Hoffaktorei dem Hof in Madrid und Toledo, Medina del Campo, Valladolid, Medina de Rioseco oder Villalón de Compos nach. Zur Abzahlung von Krediten trat der römische König Ferdinand I. Einnahmen aus dem Königreich Neapel ab: Deshalb betrieb Anton Fugger ab 1527 die Faktorei in Neapel, der damals (nach Paris) bevölkerungsreichsten Stadt Europas.

ALS DIE „NEUE WELT" gefunden worden war, verlagerten sich die Seewege. Nach der Entdeckung Amerikas exportierten die Fugger ab den 1520er Jahren Weißenhorner Barchent über ihre Faktorei in Sevilla in die Kolonien. Nachdem 1498 der Seeweg nach Ostindien gefunden war, richteten die Fugger im Windschatten der Augsburger Welser 1503 eine Faktorei in Lissabon ein: Dort lockte der Gewürzhandel. Die Verlagerung der Schifffahrtsrouten durch den Seehandel mit „den beiden Indien" nahm der Faktorei im Haus der deutschen Kaufleute in Venedig an Gewicht, dagegen wuchs die Bedeutung Antwerpens. Zu Zeiten Anton Fuggers wurde diese Filiale im Herzogtum Brabant sogar wichtiger als die Augsburger Zentrale. Für die Liebfrauenkathedrale nahe ihrer Antwerpener Faktorei stifteten die Fugger 1537 ein Kirchenfenster: Die Glasmalerei im „Fuggerfenster" stellt neben zwei Lilien auch Anton und seinen Vetter Hieronymus dar. Auch die Initialen der bei-

Die Europakarte zeigt die Handelsplätze und Stützpunkte sowie die bedeutendsten Transportrouten zur Zeit Anton Fuggers.

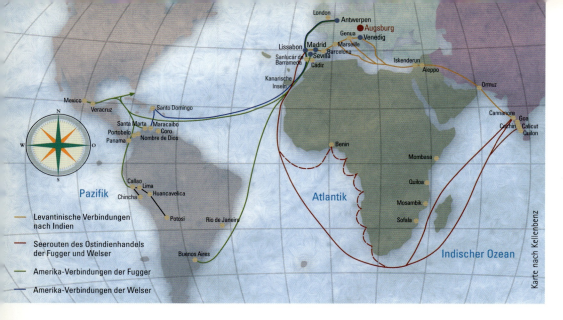

Diese Weltkarte lässt die wichtigsten Seehandelsrouten der Fugger und Welser nach Indien, Afrika und Südamerika erkennen.

den („A.F." für Anton Fugger und „I.F." für Jheronimus Fugger) sind bis heute erhalten.

Heute fasziniert die Tatsache, wie globalisiert die Wirtschaft zu Lebzeiten Jakob und Anton Fuggers funktionierte. Im kollektiven Gedächtnis sind deshalb neben den großen „politischen Krediten" vor allem exotische Handelsbeziehungen der Fugger bewahrt, obwohl sie in Relation zu ihren Montangeschäften kaufmännisch zweitrangig waren. Auch nicht verwirklichte Pläne lassen reizvolle Gedankenspiele zu: 1547 empfing man in den Augsburger Fuggerhäusern Unterhändler des russischen Zaren.

Im Jahr 1528 hatten die Augsburger Welser von Karl V. Venezuela als Lehen erhalten, um das Land zu kolonisieren. 1531 bereitete die spanische Verwaltung einen Vertrag vor, der Anton Fugger den Besitz von Chile und (Süd-)Peru sichern sollte. Doch zur Unterzeichnung kam es nie. Vielleicht hatte der Verlust einer Kolonialflotte im Jahr 1533 den Fuggern schließlich die Lust auf allzu gewagte Unternehmungen genommen.

1525 hatte sich noch Jakob Fugger (wenn auch nur vorsichtig) an der portugiesischen Handelsexpedition Tristão da Cunhas beteiligt, bei der sieben Schiffe von La Coruña aus zu den Molukken aufbrachen. Von der Fahrt zu den Gewürzinseln war kein Schiff zurückgekehrt. Nur wenige Seeleute hatten das Abenteuer überlebt. Anderes bleibt unklar: Als Magellan 1519 zur ersten Weltumsegelung aufbrach, waren die Fugger wohl nicht direkt beteiligt. Spekuliert wird über eine Fuggerfaktorei in Santo Domingo. Ein Faktor soll in Yucatán gewesen sein.

NACH OSTINDIEN führte 1505 eine erfolgreiche Handelsexpedition. Drei Schiffe, die St. Hieronymus, die St. Raphael und die St. Leonhard unter der Führung des portugiesischen Vizekönigs Francesco d´Almeida, setzten in Lissabon die Segel. Finanziert wurde diese Fahrt unter anderem von dem Sklavenhändler Bartolomeo Marchione aus Florenz, von den Augsburger und Nürnberger Welsern sowie von weiteren Kaufleuten aus Augsburg, Nürnberg und Italien. Jakob Fugger hatte sich an dieser Expedition (für seine Verhältnisse eher zurückhaltend) beteiligt. In Cannanore und Cochin nahmen die Schiffe die Ladung auf, die sie 1506 nach Lissabon brachten. Der Pfeffer und weitere Gewürze aus Indien brachten 175 Prozent Gewinn ein. Doch „… die ersten Teutschen, die India suchen", blieben vorerst auch die letzten. Um einem Verfall der Pfefferpreise vorzubeugen und um seine Einkünfte zu sichern, erklärte der König von Portugal 1506 den Gewürzhandel zum Kronmonopol. Damit drängte er die deutschen Kaufleute aus dem Geschäft. Auf die Fugger blieb der portugiesische Indienhandel angewiesen: Sie allein konnten die benötigten Mengen an Kupfer liefern, die von Lissabon aus als Handelsware nach Indien verschifft wurden.

Mit den Welsern beteiligte sich die von Philipp Eduard und Octavian Secundus Fugger gegründete Firma „Georg Fuggerische Erben" in den Jahren von 1585 bis 1591 am portugiesischen Gewürzhandel. Die Augsburger hatten Faktoreien im indischen Goa, in Madrid, Lissabon, Venedig und Nürnberg. Den Pfeffer vertrieben ihre Agenten in London, Middelburg, Antwerpen, Amsterdam, Lübeck, Hamburg und Köln.

IN AFRIKA hatten die Fugger spätestens seit 1536 Interessen, als sie sich am Handel zwischen dem „Schwarzen Kontinent" und der „Neuen Welt" beteiligten. 1548 schlossen die Fugger mit Portugal einen Vertrag über den Handel im Golf von Guinea. Dadurch stiegen die Fugger in das Geschäft mit dem westafrikanischen Königreich von Benin ein. Exportartikel waren Nürnberger Messingwaren und „Manillas" aus Messing. Diese Armreifen waren begehrte Zahlungsmittel. Kupferbarren mit der Handelsmarke der Fugger wurden 2008 aus einem Schiffswrack vor der Küste von Namibia geborgen.

EXOTISCHE GESCHÄFTE machten die Fugger teilweise auch, ohne dass damit Expeditionen in ferne Länder verbunden

Der verbesserte Schiffsbau erleichterte den Seehandel zwischen Europa und Amerika, Afrika und Indien. Die Galeone „La nostra Segnora qua e Lupa" zum Beispiel gehörte 1534/35 zur Venezuelaflotte der Welser.

gewesen wären. Aufgrund ihrer Faktoreien in Italien einerseits und ihrer ausgezeichneten Kontakte (nicht nur) zu den Fürstenhöfen der Habsburger und Wittelsbacher andererseits spielte auch der Handel mit Juwelen, Kunst, Antiken, Gemälden und Büchern eine Rolle. Die Fuggerfaktorei in Nürnberg vertrieb sogar die Schedel'sche Weltchronik und Stiche von Dürer. Auf die Rolle der „Fugger als Sportartikelhändler" wies der Historiker Wolfgang Behringer hin. 1574 besorgte Hans Fugger für die tennisbegeisterten Wittelsbacher Ferdinand und Wilhelm während anderthalb Jahren über einen Agenten in Antwerpen 50 Schläger und 11 000 Bälle. Prominenten Bankkunden boten die Fugger „Rundum-sorglos-Pakete".

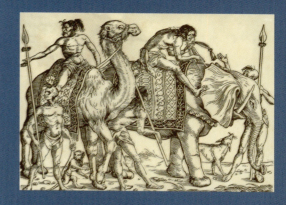

DIE ERSTE OSTINDIENFAHRT deutscher Kaufleute in den Jahren 1505 und 1506 wurde legendär. Zur Popularität dieser auch von den Fuggern finanzierten Seehandelsexpedition trugen europaweit vertriebene Holzstiche des Nürnbergers Georg Glockendon bei.

DIE WELT UM 1500 war in eine spanische und eine portugiesische Interessensphäre aufgeteilt. Der Vertrag von Tordesillas hatte 1494 koloniale Ansprüche Spaniens und Portugals durch eine Demarkationslinie voneinander abgegrenzt: Sie verlief 370 Meilen westlich der Kapverdischen Inseln vom Nord- zum Südpol. Die Fugger finanzierten portugiesische wie spanische Expeditionen. Das 1492 entdeckte Amerika verstand man damals – im Gegensatz zu (Ost-)Indien – als „Westindien". Ein Irrtum, der erst Jahre später aufgeklärt wurde.

Kredite für die Kaiser und Könige des Hauses Habsburg

Die Fugger als Finanziers eines Weltreichs

Als politische Bankiers nahmen die Fugger Einfluss auf den Gang der Geschichte. Der wichtigste Kunde der Fuggerbank der Frühen Neuzeit war Kaiser Karl V. Der Malerfürst Tizian porträtierte den Habsburger, als dieser 1548 in den Augsburger Fuggerhäusern zu Gast war.

GROSSE KREDITE GABEN auch andere Bankhäuser der Frühen Neuzeit. Doch Kredite der Fugger waren es, die den Lauf der Geschichte Europas beeinflussten und zur Entstehung eines Weltreichs beitrugen, in dem die Sonne nie unterging. Im Januar 1519 war Kaiser Maximilian I. verstorben. Sein Enkel Karl, König von Spanien und Herzog von Burgund, wollte der Nachfolger Maximilians I. als König des Heiligen Römischen Reichs Deutscher Nation werden.

Jakob Fugger unterstützte die Kandidatur des Habsburgers gegen den französischen König Franz I. und den englischen König Heinrich VIII. Am 28. Juni 1519 wählte das Kurfürstenkollegium Karl einstimmig zum römischen König. 851918 Gulden betrug die Summe der Wahlgelder, mit deren Hilfe der Habsburger seine einstimmige Wahl absicherte. Davon trug Jakob Fugger 543 585 Gulden bei, 143 333 Gulden kamen von den Augsburger Welsern, und je 55 000 von drei italienischen Bankiers. Nach seiner Krönung im Jahr 1520 führte Karl V. den Titel „von Gottes Gnaden Römischer Kaiser, allzeit Mehrer des Reiches, König von Spanien, Sizilien, Jerusalem, der Balearen, der kanarischen und indianischen Inseln sowie des Festlands jenseits des Ozeans, Erzherzog von Österreich, Herzog von Burgund, Brabant, Steier, Kärnten, Krain, Luxemburg, Limburg, Athen und Neopatria, Graf von Habsburg, Flandern, Tirol, Pfalzgraf von Burgund, Hennegau, Roussillon, Landgraf im Elsass, Fürst in Schwaben, Herr in Asien und Afrika".

KAISER KARL V. regierte zwar längst nicht alles Land in seiner langen Titelliste, sein Reich erstreckte sich aber immerhin von Ungarn bis Südamerika, von der Nordsee bis nach Sizilien. Die Kaiserkrönung wurde 1530, nach einem Friedensschluss mit dem Papst und dem König von Frankreich, in Bologna nachgeholt. Karl war der letzte Habsburger, der sich vom Papst krönen ließ.

Für Jakob Fugger war der Kredit zunächst einmal ein Finanzgeschäft, allerdings ein für die Firma lebensnotwendiges. Denn so blieben ihm die Habsburger verpflichtet, und sein Montanunternehmen in Tirol und Kärnten war abgesichert. In einem 1521 geschlossenen Vertrag überließ der Kaiser

seinem Bankier Jakob Fugger zur Schuldentilgung für 400 000 Gulden Rechte an Silber und Kupfer aus Schwazer Gruben und an Haller Salz. Weitere 200 000 Gulden sollten Einkünfte der Krone in Spanien und in den Niederlanden decken.

Freiwillig aber zahlte ein Habsburger nicht: Da die Rückführung der Kredite Karls V. aus den Kroneinkünften auf sich warten ließ, erinnerte Jakob Fugger seinen kaiserlichen Schuldner 1523 an dessen Verbindlichkeiten und deren Tilgung und schickte Karl V. ein in der deutschen Geschichte einzigartiges Mahnschreiben: „Es ist allgemein bekannt und liegt offen zutage, daß Eure Kaiserliche Majestät die römische Krone ohne mich nicht erlangt hätte…" Danach erhielten die Fugger die Maestrazgopacht, zu der die Ausbeute der Quecksilber- und Zinnobergruben im spanischen Almadén gehörte.

Mit dem Haus Habsburg kamen die Fugger unter Kaiser Friedrich III. ins Geschäft. Als sein Sohn Maximilian I. das Erbe aus seiner ersten Ehe mit Maria von Burgund verteidigte, war die Bank der Fugger daran ebenso beteiligt wie an der Übermittlung jener Mitgift, die ihm seine zweite Ehe mit Maria Bianca Sforza einbrachte.

Für Jakob Fugger war der Großkredit vom Sommer 1519 sicherlich auch eine Machtdemonstration – einerseits gegenüber dem Kaiser und seinen Beratern, denen er damit bewiesen hatte, dass nur ein Jakob Fugger zu Geldgeschäften solcher Größenordnung fähig war. Andererseits war Jakob Fuggers Beitrag zur Finanzierung der Königswahl von 1519 wohl auch ein Wink an konkurrierende Bankhäuser, denen der Augsburger Bankier so seine Übermacht zu erkennen gab. Der

Von 1512 bis 1515 ließ Jakob Fugger die Fuggerhäuser am Augsburger Weinmarkt errichten. 1519 sicherte er die Wahl des spanischen Königs Karl zum Kaiser, indem er die Wahlgelder für das siebenköpfige Kurfürstenkollegium beschaffte.

portugiesische Diplomat Rui Fernandes de Almada beschrieb im Herbst 1519 folgerichtig Jakob Fugger als den wichtigsten Mann Deutschlands, der alle Fürsten und Könige in einer Weise beherrschte, „dass keiner ohne ihn lebe, jeder sich freue ihn zum Freund zu haben".

DIE HABSBURGER waren seit 1485 ständige Geschäftspartner der Fugger „von der Lilie", nachdem Jakob Fugger dem Tiroler Landesherrn Erzherzog Sigmund „dem Münzreichen" ein Darlehen von 3000 Gulden gewährt hatte. Die Kredite an den Erzherzog lagen 1489 bereits bei knapp 270 000 Gulden. Als Sigmund 1490 hoch verschuldet abdanken musste, nahm sein Nachfolger, König Maximilian I., 1491 einen ersten großen Kredit bei den Fuggern auf.

Die stete Geldknappheit auch dieses Habsburgers war Jakob Fugger bestens bekannt: Maximilian, seinen Vater Kaiser Friedrich III. und ihr Gefolge hatte sein Bruder Ulrich Fugger 1473 auf Kredit mit feinen Tuchen ausstatten können. 1483 hatten die Fugger Söldner Maximilians I. in Flandern bezahlt, wo der Habsburger um sein niederländisches Erbe aus seiner ersten Ehe mit der 1482 bei einem Jagdunfall tödlich verunglückten Maria von Burgund focht.

1494 wickelte die Faktorei der Fugger „von der Lilie" in Mailand zumindest teilweise den finanziellen Part der Eheschließung Maximilians mit seiner zweiten Gemahlin ab. Als Heiratsgut Bianca Maria Sforzas, der Nichte des Mailänder Herzogs Lodovico „il Moro" Sforza, wurde der riesige Betrag von 400 000 Gulden vereinbart.

GESCHICHTE MACHTE auch die Kaufsumme von 50 000 Gulden, die Jakob Fugger König Maximilian I. 1508 übergab. Dafür hatte Fugger 1507 die Grafschaft Kirchberg bei Ulm, die Herrschaften Weißenhorn, Pfaffenhofen und Wullenstetten sowie die Teilherrschaft Buch erhalten, mit der auch der Titel der Grafschaft Marstetten verbunden war. Es war der erste Kauf einer Herrschaft durch Jakob Fugger: Damals begann der Aufstieg der Familie in den Adel sowie ein über hundert Jahre andauerndes ständiges Investieren der Fugger in Herrschaftsbesitz und -rechte, Grund und Boden.

Diese 50 000 Gulden sollten Maximilians Zug nach Rom finanzieren, wo er sich vom Papst zum Kaiser krönen lassen wollte. Das Geld war wie üblich schnell ausgegeben. 1508 kam der Habsburger nur bis Trient. Dort ließ er sich im Dom als „erwählter Kaiser" proklamieren. Von Kaiser Maximilian I. erwarb Jakob Fugger 1509 die Hofmark Schmiechen und 1514 die Herrschaft Biberbach.

Die Geschichte Europas beeinflusste auch jener Großkredit über 170 000 Gulden, den Jakob Fugger 1521 für die Eheschließung Ferdinands I. mit Anna von Ungarn und Böhmen gewährte. Kaiser Maximilian I. hatte die Doppelhochzeit seines Enkels Ferdinand I. – des jüngeren Bruders Karls V. – mit Anna sowie des ungarischen Thronfolgers Ludwig mit seiner Enkelin Maria bereits 1515 vereinbart. Dadurch hatte er den Erbanspruch der Habsburger auf diese beiden Länder erreicht, falls die Jagiellonen aussterben sollten. Als König Ludwig II. von Ungarn bei Mohács fiel, trat 1526 tatsächlich der Erbfall ein: Die Stephanskrone fiel an die Habsburger. Ferdinand I. wurde noch 1526 zum König von Böhmen gewählt und 1527 in Prag gekrönt. Ebenfalls 1527 folgte die Krönung zum König von Ungarn. Anton Fugger, der Nachfolger Jakob Fuggers an der Firmenspitze, gab die dafür nötigen Kredite. Fugger'sches Kapital stand also am Beginn einer Entwicklung, die in die österreichisch-ungarische Doppelmonarchie münden sollte.

Seinem jüngeren Bruder Ferdinand hatte Karl V. 1521 die Erbländer der Habsburger übergeben: Nieder- und Oberösterreich, die Steiermark, Kärnten und Krain. 1522 erhielt Ferdinand zudem Tirol und Vorderösterreich. Von nun an vertrat Ferdinand I. seinen Bruder im römisch-deutschen Reich. Nach der Kaiserkrönung Karls V. wurde Ferdinand I. 1530 während eines Augsburger Reichstags zum römischen König gewählt. Die Fugger finanzierten diese Königswahl mit 275 333 Gulden sowie einer Leibrente für den Kurfürsten von Mainz. 1558 wurde Ferdinand I. der Nachfolger Karls V. als Kaiser des Heiligen Römischen Reichs Deutscher Nation.

Immer wieder garantierte die Finanzkraft der Fugger das Überleben des Weltreichs des Hauses Habsburg. Als die Truppen Karls V. 1525 in der Schlacht bei Pavia den mit dem Papst verbündeten König von Frankreich besiegten, war dieser Erfolg nicht zuletzt Fugger'schen Soldzahlungen geschuldet. Die Fugger finanzierten zudem weitere Feldzüge Karls V. gegen Frankreich, aber auch gegen den württembergischen Herzog Ulrich sowie gegen Tunis und Algier. Auch die Abwehr der Türken – sie standen 1529 erstmals vor Wien – beanspruchte Subsidien der Fugger.

Der Historiker Johannes Burkhardt bezeichnete Anton Fugger, den Neffen und Nach-

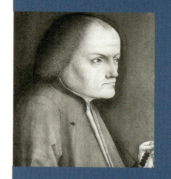

HAUSBANK DER HABSBURGER waren die Fugger seit dem späten 15. Jahrhundert. Über Erzherzog Sigmund (oben links) kamen die Fugger zu ihrer dominierenden Position im Tiroler Bergbau. Kaiser Maximilian I. (oben rechts) stellte mit Krediten der Fugger die Weichen für den Aufstieg Habsburgs zur Weltmacht. Fuggergeld finanzierte die Wahlen Karls V. (1519, unten links) und Ferdinands I. (1530) zum römischen König. Auch bei Ferdinands Wahl zum König von Böhmen und Ungarn waren Kredite der Fugger im Spiel.

EIN RHEINISCHER GULDEN war um das Jahr 1520 der Wochenlohn eines Handwerksmeisters. Eine Dienstmagd verdiente anderthalb Gulden im Jahr, ein Schullehrer drei bis vier, ein fürstlicher Rat 80 bis 200 Gulden. 1546 betrug das Kapital der Fuggerfirma fünf Millionen Gulden.

Die Fuggerhäuser waren die Zentrale des fuggerischen Firmengeflechts: Hier ist der Stammsitz der Fürst Fugger Privatbank.

folger Jakob Fuggers „des Reichen", als einen „halboffiziellen Kaiserfaktor". Nach dem Schmalkaldischen Krieg, den Karl V. im Sommer 1546 gegen die protestantischen Fürsten begann, lieh sich der Kaiser bei Anton Fugger 530 000 Gulden, und König Ferdinand I. erhielt 110 000 Gulden. 1546 schuldete Karl V. der Bank der Fugger beinahe zwei Millionen Gulden, Ferdinand hatte fast 600 000 Gulden Kredit beansprucht.

Ein letztes Mal griff Anton Fugger 1552 mit einem Kredit in die Geschichte ein. Ein Aufstand des Kurfürsten von Sachsen, des Landgrafs von Hessen und des Markgrafen von Brandenburg ließ den Kaiser nach Innsbruck fliehen. Dort schrieb er an Anton Fugger, so schnell wie möglich zu ihm zu kommen: „Dies ist dasjenige, was ich jetzt am meisten wünsche." Fugger gab erneut einen Großkredit: Karl V. war gerettet. 1560, in seinem Todesjahr, gewährte Anton Fugger dem Sohn Kaiser Ferdinands I. – dem römischen König und späteren Kaiser Maximilian II. – ein Darlehen, das die Verbindung zwischen den Habsburgern und dem Bankhaus auch für die folgende Generation sicherte.

Prominente Kunden

waren nicht nur mehrere Angehörige des Hauses Habsburg. Bereits Jakob Fugger hatte dem König von Ungarn ebenso Kredit gewährt wie König Heinrich VIII. von England, der 1516/17 eine Großanleihe der Augsburger Firma in Anspruch nahm.

Als „international operierenden Bankier" hat der Historiker Mark Häberlein Anton Fugger bezeichnet. So gewährte der Augsburger den Königen von England riesige Darlehen. Im Jahr 1545 gab Fugger König Heinrich VIII. von England einen Großkredit über 500 000 Gulden und verkaufte ihm bei dieser Gelegenheit für 60 000 Gulden einen Teil der Juwelen aus dem Burgunderschatz, den sein Onkel Jakob 1504 von der Stadt Basel erworben hatte. Der Thronerbe Heinrichs, König Eduard VI., nahm 1549, 1550 und 1552 größere Kredite bei den Fuggern auf. Mehr als eine Million Gulden machten die Forderungen Anton Fuggers an Englands Krone zeitweilig aus. Sein Sohn Hans gab zuletzt auch noch 1559 der im Jahr zuvor gekrönten Königin Elisabeth I. Kredit.

Der König von Portugal war ebenso ein Schuldner Anton Fuggers wie der König von Dänemark, die Wittelsbacher und – ab 1548 – auch der Großherzog von Florenz, der Medici Cosimo I. Der Letztere zählte zu den Großkunden, als er von 1548 bis 1554 mehrere große Darlehen in Anspruch nahm und bei den Fuggern darüber hinaus kostbare Juwelen erwarb. Doch nicht nur die reichen Medici, sondern auch die Welser – die zeitweilig stärksten Konkurrenten im Finanzgeschäft – standen bei den Fuggern in der Kreide. Als die Welser 1614 schließlich in Konkurs gingen, waren die Fugger mit 125 000 Gulden ihre Hauptgläubiger.

Damals hatte die Bank der Fugger aufgrund der spanischen und französischen Staatsbankrotte ab 1557 ihre besten Zeiten ebenfalls hinter sich. Im Zenit stand die Firma, als Anton Fugger 1546 Bilanz zog: Aktiva in Höhe von 7,1 Millionen Gulden und Passiva von rund zwei Millionen Gulden wurden verbucht. Mit rund fünf Millionen Gulden verzeichnete die Fuggerfirma den höchsten Stand ihres Eigenkapitals.

Anders als die Welser gingen die diversen Gesellschaften der Fugger aber nie bankrott, nicht mal in den Wirren des Dreißigjährigen Kriegs. Dafür sorgte auch die bereits von Jakob Fugger betriebene Diversifizierung der Anlage in Grund und Boden. Das Prinzip der Nachhaltigkeit war bereits Jakob Fugger „dem Reichen" ein Anliegen, der testamentarisch darauf drängte, dass kein Grundbesitz in den Händen der Fugger abgegeben werden sollte. Anton Fugger beschaffte sich 1548 das Privileg eines „Fideicommiss", um das Familienerbe zu sichern. 1548 sorgte er für eine eigenständige Rechnungslegung der Fuggerschen Stiftungen. Die Augsburger Fuggerei, die 1521 von Jakob Fugger gestiftete älteste bestehende Sozialsiedlung der Welt, ist das bekannteste Denkmal der Fugger'schen Nachhaltigkeitsstrategien.

DIE FUGGERHÄUSER

am Augsburger Weinmarkt hatte Jakob Fugger von 1512 bis 1515 errichten lassen. Der Stadtpalast an der heutigen Maximilianstraße war die „Konzernzentrale" der Fuggerfirma. Hier gaben sich Kaiser, Könige, Kurfürsten und Kurienkardinäle sowie Künstler von Weltrang „die Klinke in die Hand". Dieser mächtige Stadtpalast um vier Innenhöfe im Stil der Renaissance ist heute im Besitz der fürstlichen Familie Fugger-Babenhausen.

Die Augsburger Fuggerhäuser sind auch der Stammsitz der Fürst Fugger Privatbank. Kunden der heutigen Fuggerbank werden in der Fürstenhalle begrüßt. Ein Historiengemälde in der Halle zeigt Anton Fugger neben Kaiser Karl V. und dem Malerfürsten Tizian. Im Treppenhaus steht ein Bronzeabguss jener Marmorbüste Jakob Fuggers, die am 7. Juli 1967 in der Walhalla bei Donaustauf, dem „Ruhmestempel der Deutschen", aufgestellt wurde.

LUTHER UND MOZART zählten zu den zahlreichen prominenten Gästen in den Augsburger Fuggerhäusern. Der Reformator verteidigte dort 1518 gegenüber dem Kurienkardinal Cajetan seine Thesen. Wolfgang Amadé Mozart gab 1777 im Russischen Saal der Fuggerhäuser ein Konzert. Auch Albrecht Dürer und Tizian hielten sich in den Fuggerhäusern auf. Mitte des 16. Jahrhunderts entstanden dort Prunkräume für die häufigen Besucher aus dem Kaiserhaus Habsburg. Der Erker dieses „kaiserlichen Palatiums" ist heute noch zu besichtigen. Ein unerwünschter Hausbesetzer war König Gustav II. Adolf von Schweden, der den Stadtpalast 1632 nach der Einnahme Augsburgs okkupierte.

JAKOB FUGGER war das herausragende Finanzgenie der Frühen Neuzeit. Sein Aufstieg als Bankier der Päpste, Kaiser und Könige fasziniert die Menschen bis heute. Der wohl bekannteste Augsburger aller Zeiten machte sich aber nicht nur als Unternehmer, sondern auch als Kunstförderer und Stifter einen Namen. Die von ihm gestiftete Fuggerkapelle war der erste Renaissancebau Deutschlands. Die Augsburger Fuggerei ist die heute älteste Sozialsiedlung weltweit.

Literaturverzeichnis (Auszug)

Behringer, Wolfgang: Fugger als Sportartikelhändler. Auf dem Weg zu einer Sportgeschichte der Frühen Neuzeit, in: Faszinierende Frühneuzeit. Reich, Frieden, Kultur und Kommunikation 1500–1800, Berlin 2008

Dauser, Regina; Ferber, Magnus U.: Die Fugger und Welser. Vom Mittelalter zur Gegenwart, Augsburg 2010

Deininger, Heinz Friedrich: Das reiche Augsburg, München 1938

De Rynck, Patrick: Die Liebfrauenkathedrale in Antwerpen, Gent/Amsterdam 2005

Ehrenberg, Richard: Das Zeitalter der Fugger, Die Geldmächte des 16. Jahrhunderts, Jena 1922

Geffcken, Peter: Jakob Fuggers frühe Jahre, in: Jakob Fugger 1459–1525. Sein Leben in Bildern, Augsburg 2009

Geffcken, Peter: Fugger – Geschichte einer Familie. Die Handelsherren mit dem Dreizack, in: DAMALS, Leinfelden-Echterdingen 7/2004

Geffcken, Peter: Jakob Fugger der Reiche (1459–1525). „Königsmacher", Stratege und Organisator, in: DAMALS, Leinfelden-Echterdingen 7/2004

Grünsteudel, Günther; Hägele, Günter; Frankenberger, Rudolf (Hrsg.): Augsburger Stadtlexikon, Augsburg 1998

Häberlein, Mark: Die Fugger. Geschichte einer Augsburger Familie (1367–1650), Stuttgart 2006

Haller, Harald; Schölzhorn, Hermann: Schneeberg in Südtirol, St. Martin in Passeier 2008

Hogben, Lancelot: Die Welt der Mathematik. Zahlen formen unser Weltbild, Stuttgart 1970

Jansen, Max: Die Anfänge der Fugger (bis 1494), Leipzig 1907

Kalus, Maximilian: Pfeffer – Kupfer – Nachrichten, Augsburg 2010

Kalus, Peter: Die Fugger in der Slowakei, Augsburg 1999

Karg, Franz A.: Fugger in Tirol, in: Schwazer Silber – vergeudeter Reichtum? Verschwenderische Habsburger in Abhängigkeit vom oberdeutschen Kapital an der Zeitenwende vom Mittelalter zur Neuzeit, Schwaz 2002, S. 103–116

Karnehm, Christl: Zu Gast im Hause Fugger. Berühmte Besucher und glanzvolle Feste in den Augsburger Fuggerhäusern, Augsburg 2009

Karnehm, Christl: Expertise für die Fürst Fugger Privatbank, München 2005

Kellenbenz, Hermann: Die Fugger in Spanien und Portugal bis 1560. Band 1, München 1990

Kießling, Rolf: Kleine Geschichte Schwabens, Regensburg 2009

Kluger, Martin: Fugger – Italien. Geschäfte, Hochzeiten, Wissen und Kunst. Geschichte einer fruchtbaren Beziehung, Augsburg 2010

Kluger, Martin: Die Augsburger Fugger in Nürnberg. Wirtschaftsbeziehungen zweier Städte im Zeitalter der Renaissance, Informationsschrift der Fürst Fugger Privatbank, Augsburg 2006

Knabe, Wolfgang: Die alte Straße und der Fluss, Königsbrunn 2010

Kuhoff, Wolfgang: Augsburger Handelshäuser und die Antike, in: Augsburger Handelshäuser im Wandel des historischen Urteils, Berlin 1996

Lieb, Norbert: Die Fugger und die Kunst. Im Zeitalter der hohen Renaissance, München 1958

Lieb, Norbert: Die Fugger und die Kunst. Im Zeitalter der Spätgotik und der frühen Renaissance, München 1952

Muigg, Armin (Chefredaktion) u. a.: Das silberne Zeitalter. 1450–1550. Wie Tirol zum Mittelpunkt Europas wurde, in: ECHOspezial, Innsbruck, Heft 5, Juli 2002

Mutschlechner, Georg: Der Fuggersche Bergwerkshandel in Südtirol anno 1656, in: Der Schlern, Monatszeitschrift für Südtiroler Landeskunde, Heft 12, 1982, S. 638–639

Pölnitz, Götz Freiherr von: Die Fugger, Tübingen 1970

Rohmann, Gregor: Das Ehrenbuch der Fugger, Augsburg 2004

Scrépel, Henri: Dürer, Paris 1979, S. 110 und 137

Schulte, Aloys: Die Fugger in Rom 1494–1523, Band 1, Leipzig 1904

Schweikhart Gunter: Der Fondaco dei Tedeschi: Bau und Ausstattung im 16. Jahrhundert, in: Venedig und Oberdeutschland in der Renaissance, Begegnungen zwischen Kunst und Wirtschaft, Sigmaringen 1993

Seipel, Wilfried (Hrsg.): Karl V. (1500–1558). Macht und Ohnmacht Europas, Mailand 2000

Soly, Hugo (Hrsg.): Karl V. und seine Zeit. 1500–1558, Köln 2003

Spranger, Carolin: Der Metall- und Versorgungshandel der Fugger in Schwaz in Tirol 1560–1575 zwischen Krisen und Konflikten, Augsburg 2006

Stecher, Albert: Interessantes über die Fugger und deren Tätigkeit im Schwazer Bergbau, in: Tiroler Heimatblätter, Heft 3, 1936, S. 93–99 und in: Tiroler Heimatblätter, Heft 4, 1936, S. 127–131

Traub, Rainer: Die kommerzielle Revolution, in: Spiegel Geschichte: Geld! Von den Fuggern zur Finanzkrise. Eine Chronik des Kapitals, Hamburg Heft 4, 2009, S. 20–23

Unger, Eike Eberhard: Die Fugger in Hall i. T., Tübingen 1967

Vacha, Renate: Die Habsburger. Eine europäische Familiengeschichte, Graz; Wien; Köln 1993

Walpen, Robert: Die Päpstliche Schweizergarde. acriter et fideliter – tapfer und treu, Paderborn 2005, S. 57

Wolfstrigl-Wolfskron, Max Reichsritter von: Die Tiroler Erzbergbaue (1301–1665), Innsbruck 1903, S. 30–56

Zeloth, Thomas: Zwischen Staat und Markt. Geschichte der Bleiberger Bergwerke Union und ihrer Vorläuferbetriebe, Klagenfurt 2004

Zinnecker, Andrea: Der Fugger Paradieskammern. Süddeutsche Handelshäuser und ihre Geschäfte mit Venedig im „Fondaco dei Tedeschi", Manuskript eines Beitrags im Bayerischen Rundfunk, Bayern 2 Radio, München 2003